L'IRIS

une fleur royale

GRANDE PAGE D'ÉTUDE D'IRIS, JOAN BLONDEEL (JUIN 1995)

La déesse avait fui sur sa conque dorée,
La mer nous renvoyait son image adorée,
Et les cieux rayonnaient sous l'écharpe d'Iris.

Gérard de Nerval
Les Filles du Feu, Horus

RICHARD CAYEUX

L'IRIS
une fleur royale

mauryflor

Remerciements

Je souhaite remercier ici toutes les personnes m'ayant apporté leur aide de quelque manière que ce soit, et en particulier :

• Le docteur Maurice Boussard pharmacien, docteur ès-sciences et biologiste honoraire des Hôpitaux. Maurice Boussard a débuté une collection d'Iris et d'Iridacées à titre scientifique et désintéressé en 1957. Cette collection compte actuellement environ 720 espèces réparties en une soixantaine de genres, dont 160 Iris.
Actuel président de la Société Française des Iris et Bulbeuses (SFIB), ses compétences au niveau de la classification des Iris sont reconnues mondialement. Auteur de la préface, il m'a aussi permis de mener à bien le classement systématique des Iris et je l'en remercie.

• Les peintres qui ont su donner aux Iris une expression qu'aucune photographie ne saurait rendre :
– Madame Jacqueline Farvacques, auteur de plusieurs aquarelles illustrant cet ouvrage, dont le talent est reconnu aussi bien en France qu'en Angleterre (Membre de la Société Nationale d'Horticulture de France et de la Royal Horticultural Society).
– Madame Joan Blondeel, diplômée, comme Madame Farvacques, de l'École Nationale des Beaux-Arts et lauréate de l'Institut de France. Son talent, elle l'exprime particulièrement en peignant les champs fleuris (Hollande, France à Gien en 1995...) et l'exporte outre-Atlantique. Sa présence dans ces pages m'honore.

• Les photographes français et américains qui ont mis gracieusement à ma disposition les vues manquantes à l'illustration de certains chapitres : Messieurs Jean Peyrard (membre de la SFIB), Michel Bourdillon, David Schreiner (USA), Keith Keppel (USA), Richard C. Ernst (USA), Terry Aitken (USA).

• Le docteur Bovet, du Château de Vuillierens en Suisse, où se trouve une belle collection d'Iris photographiée par Richard C. Brown.

• Monsieur Claude Alzieu, éditeur, pour la reproduction d'une planche extraite de l'ouvrage *La Botanique de Lamarck*.

• A ma famille, je dédie ce livre :
– A mon arrière-grand-père, mon grand-père et mon père Jean Cayeux : sans leur passion et leur connaissance des Iris, je n'aurais pu écrire ces pages.
– A mes enfants, Astrid, Hortense, Sixtine et Pierre (sera-t-il, un jour, la cinquième génération de Cayeux se consacrant aux Iris ?).
– Enfin, à Marie-Alix, ma femme : c'est en effet dans ses yeux que j'ai trouvé mes plus beaux Iris.

© *Mauryflor SA 1996*
45330 Malesherbes France
ISBN : 2-9509816-1-5

Préface

Il manquait depuis des lustres un véritable ouvrage, complet, en langue française, des multiples facettes de ce grand et beau genre Iris.

Iris botaniques d'abord : les quelque 250 espèces qu'il rassemble hantent à peu près tous les biotopes de l'hémisphère boréal, des toundras glacées aux subtropiques d'Asie et d'Amérique, des marécages aux semi-déserts, mais ayant toutes en commun la beauté de leur floraison qui, par un choix judicieux, pourra s'étaler de l'automne au début de l'été suivant. Mais aussi et surtout une multitude d'hybrides (plus de 30 000 répertoriés à ce jour) que la main et le génie de l'homme leur a permis d'engendrer, exaltant leurs qualités et tissant leurs insuffisances ; dont le détail des différents groupes (I. « barbus », « Sibirica », « Spuria », « Louisiana », « Californians », « du Japon », « d'Espagne », etc.) est largement développé dans les pages de ce livre.

Il appartenait à l'héritier d'une famille « consacrée » à l'Iris depuis le début de ce siècle, riche de toutes les connaissances acquises au cours des ans, de les faire partager en les adaptant à un lectorat pas forcément spécialisé. Ceci est l'occasion de rappeler que la France fut, jusqu'à l'aube de la Seconde Guerre mondiale, à la pointe des progrès dans l'obtention de variétés de plus en plus méritantes ; c'est une longue histoire qui commence avec de Bure (1822) et Lemon pour, à travers les Verdier, Denis, Millet, aboutir aux Vilmorin et Cayeux ! Les Anglo-Saxons, singulièrement ceux d'outre-Atlantique, ont depuis pris le relais puis la tête, mais notre Hexagone abrite toujours quelques passionnés, amateurs comme professionnels, qui perpétuent la tradition, en quête du rêve profond de tout obtenteur, la naissance d'un Iris à fleurs rouges.

Des indications pertinentes sont de même données sur la culture des différents Iris, leurs ennemis, leurs emplois au jardin : collection spécialisée, utilisation conjointe à celle d'autres plantes, aspect paysager... sans négliger ni les illustrations (de qualité) qui adornent et complètent le texte.

Ouvrage bienvenu donc, clair, attrayant, qui comble un vide dans une bibliothèque de l'amateur francophone d'Iris, débutant ou confirmé, de cette fin du XXe siècle. Le monde des iridophiles (ou -manes ?) en saura gré à son auteur et souhaite dès à présent à l'œuvre le succès qu'elle mérite.

Docteur BOUSSARD
Président de la Société Française des Iris

L'HOMME ET L'IRIS

Iris et histoire

Comme H et I se suivent dans l'alphabet, notre Histoire et celle de l'Iris sont étroitement liées.

Les plus anciennes représentations de l'Iris se retrouvent dans trois grandes civilisations du Bassin méditerranéen.

En Crète, dans le palais de Minos à Cnossos, existent deux fresques, « le prince aux fleurs de lis » représentant, on le pense, des *Iris xiphium* et « l'oiseau bleu » orné de petits Iris sans doute du genre *Unguicularis*. On estime que ces œuvres remontent à 1500 avant J.-C.

Aux temps reculés de la mythologie grecque, Iris était une gracieuse déesse, messagère des dieux, qui en déployant son écharpe produisait l'arc-en-ciel. Les anciens Grecs, frappés par la diversité des coloris du périanthe des fleurs de la plante qui fait l'objet de ces lignes, lui donnèrent alors le nom de la déesse qui personnifiait l'arc-en-ciel. Le médecin grec Dioscoride, du premier siècle de l'ère chrétienne, déclare, d'ailleurs, que le mot Iris signifie « arc-en-ciel » ; la plante portant ce nom, ajoute-t-il, le doit aux couleurs variées de ses pétales.

En Égypte, l'Iris apparaît dans le jardin botanique sculpté du temple de Karnak (1510 av. J.-C.). Pour les Égyptiens de l'Antiquité, cette fleur est symbole de majesté et de pouvoir. L'Iris figure notamment sur le front du Sphynx et sur les sceptres royaux.

Chez les Romains, l'Iris est dédié à la déesse Junon et a une signification funéraire.

De nos jours dans le monde oriental, l'Iris reste lié aux cultes des morts.

I̅ris ou Lys ?

Un aspect intéressant et historique est la confusion entre l'Iris et le lys. Il est notamment indiqué dans la Bible que les champs de Salomon étaient couverts de lys ; en fait, il doit plutôt s'agir d'*Iris oncocyclus*, car les lys sont rares dans ces régions. Cette confusion se perpétuera jusqu'au Moyen Age.

L'Iris, fleur royale : la légende raconte que Clovis, guerroyant contre les Goths, ne dut son salut qu'au fait d'avoir pu traverser une rivière à gué en faisant marcher ses chevaux sur un tapis de fleurs jaunes (*Iris pseudacorus* ou Iris des marais, qui ne se développe que dans une faible profondeur d'eau). Par gratitude, il adopta cette fleur comme emblème personnel.

MASTER TOUCH

J. FARVACQUES. 35.©

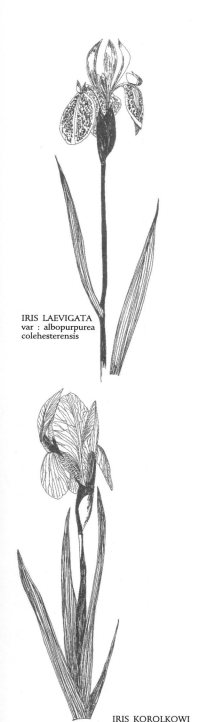

IRIS LAEVIGATA
var : albopurpurea
colehesterensis

IRIS KOROLKOWI

C'est en 1180 qu'apparaît sur le blason des rois de France la fleur de « lys », en l'occurrence sur celui de Louis VII. On appela donc la fleur : fleur de Louis, puis fleur de Luce, et enfin fleur de Lys. Cette fleur ne ressemble pas au Lis, mais bien à l'*Iris pseudacorus*. Notons aussi que la fleur de « lys » fut adoptée, au Moyen Age, par d'autres maisons royales d'Europe.

Dante rapporte que sur les anciennes armes de la ville de Florence était représenté un Iris blanc sur un écusson rouge, lequel fut, après les guerres civiles, changé en Iris rouge sur un écusson blanc (*Divine comédie*, Paradis, chant 16).

Au Japon, l'*Iris ensata* demeure une fleur nationale et l'on retrouve dans un livre de Jien (1155-1224) un poème qui lui est consacré.

Quelques usages de l'Iris

A l'instar du rôle de l'Iris dans la religion, ses utilisations par l'homme semblent remonter loin dans le temps. En voici plusieurs exemples.

A l'époque gréco-romaine, les Égyptiens cultivaient l'*Iris sibirica* et l'employaient pour faire des couronnes. Ils tiraient aussi du rhizome une épice fort appréciée.

Les Grecs extrayaient de l'*Iris odoratissima* une huile aromatique dont ils se frictionnaient le corps pour chasser les odeurs de sueur. Pline et Dioscoride signalent que les rhizomes les plus estimés venaient de l'Illyrie (*I. germanica*) ; au second rang, étaient placés ceux de la Macédoine (*I. florentina*) et, enfin, en dernier lieu, ceux de la Libye. La Macédoine et la région de Corinthe étaient alors célèbres pour leurs onguents parfumés. D'après Pline, la meilleure huile d'Iris venait de Pamphlie ; celle de Cilicie était aussi estimée. Le botaniste allemand Sprengel voit dans l'Iris de Dioscoride les espèces Germanica et Florentina.

Les Grecs utilisaient aussi l'Iris dans la préparation de leurs vins très aromatisés.

En France, dans les départements méridionaux, on utilisait fréquemment du rhizome d'Iris préalablement trempé dans de l'eau tiède avec des cendres de bois pour blanchir le linge en le faisant bouillir. Les rhizomes séchés et placés dans les armoires servaient aussi à parfumer agréablement le linge entreposé.

En Angleterre, pour un usage proche, on mélangeait de la poudre d'Iris et des graines d'anis pour aromatiser le linge (XVIIe siècle).

Au XIXe siècle, on parfumait le bouquet de certains crus avec de l'Iris : les vins de Saint-Perray, des Nuits de Bourgogne, des Vermouths, mais aussi le Chianti...

Dans le Gard, on a longtemps employé le « vert d'Iris » tiré des feuilles d'*Iris germanica* pour la teinture des laines. Dans les pays méditerranéens, les feuilles d'*Iris spuria* sont tressées pour confectionner des paniers rustiques.

Outre ces utilisations, l'Iris a aussi servi d'aliment. Dans les pays d'Afrique du Nord, les Arabes consomment encore sous le nom de Takouk, des bulbes d'*Iris juncea*. Au Japon, on a utilisé comme féculent alimentaire les rhizomes broyés d'*Iris japonica*, d'*Iris tectorum* et d'*Iris ensata*. En Angleterre, au cours du XIXe siècle, les graines torréfiées d'*Iris pseudacorus* furent employées comme succédané du café.

On ne peut aussi passer sous silence le rôle de l'*Iris en médecine*.

Dès l'Antiquité, l'*Iris florentina* fut reconnu comme un vomitif et un expectorant efficace ; les Grecs et les Romains s'en servaient aussi pour combattre les coliques, contre les morsures de serpents, comme purgatif, etc.

Dioscoride a écrit sur l'*Iris foetidissima* : « La racine macérée dans le vin cuit se prend contre les spasmes, les ruptures, les douleurs de la hanche, la stangurie, la diarrhée. On l'emploie comme vulnéraire sur les plaies de la tête..., en friction, elle guérit les tumeurs et les abcès » (*Matière médicale*, L. 1°).

On utilisait aussi la racine pour former des grains servant à maintenir les blessures ouvertes.

A la Renaissance, Matthiole reconnaissait à l'*Iris pseudacorus* des propriétés très étendues : « Bon contre toutes les affections nerveuses et cérébrales. »

En France, au XVIIIᵉ siècle, il était considéré comme un remède puissant contre la rage. L'abbaye cistertienne de Grand Selve dans le Tarn-et-Garonne était réputée pour son traitement de la rage. Voici la savoureuse médication des moines : « Faire chauffer du saindoux, y faire frire 60 grammes de rhizome d'*Iris germanica* coupé en petits cubes. Une fois ramollis, en faire une omelette avec trois œufs, ne pas saler. Faire absorber cette omelette trois jours de suite au patient ».

A la même époque, dans le Centre et l'Est de la France, on soignait la vérole avec l'Iris.

Le rhizome pulvérisé a même servi à la confection de dentifrice (XIXᵉ siècle).

En Espagne, au XIIᵉ siècle, l'agronome arabe Ibn Al Awam décrit la culture de l'Iris (petit lis violet) qui se multipliait de « racines » en mai ; le traducteur écrit, en note, que cet Iris de petite taille était peut-être l'*Iris pumila*. Le médecin arabe Ibn el Beïthar (XIIIᵉ siècle), dit que l'« Irissa » est le lis violet et il en signale les propriétés médicinales.

IRIS PURDYI

La médecine moderne a précisé un certain nombre de choses au sujet de ces végétaux. L'analyse chimique des rhizomes montre qu'outre une teneur banale en protéines, glucides et lipides, on relève la présence d'une résine, de tannins, d'un glucoside (l'iridoside) et d'une huile essentielle (l'essence d'Iris). Celle-ci a la particularité de contenir de nombreux acides organiques, des cétones, des terpènes et des alcools.

Ses activités purgatives et émétiques ont été vérifiées. En fonction des doses, on obtient des effets expectorants, vomitifs, excitants et purgatifs. L'Iris est très actif dans des cas de bronchite des vieillards et de la coqueluche, car il fluidifie les sécrétions et stimule les muscles bronchiques. On l'administre sous forme de décocté ou d'extrait mou.

A titre anecdotique, on peut signaler que, sous l'occupation, on a tenté d'isoler industriellement la vitamine C des feuilles d'*Iris germanica*.

Iris et parfums : c'est l'utilisation la plus remarquable de l'Iris. Voici quelques parfums actuels à notes d'Iris : *Dans la nuit* (Worth), *Homme* (Gianni Versace), *Ivoire* (Balmain), *Anaïs, Anaïs* (Cacharel), *Silences* (Jacomo), *Chloé* (Lagerfeld), *Madame Rochas* (Rochas) et le fameux *Chanel n° 5* (Chanel), un des parfums les plus vendus au monde aujourd'hui.

La culture de l'Iris pour le parfum aux environs de Florence remonte au XIIIᵉ siècle. Autrefois l'*Iris florentina*, maintenant surtout des variétés de *Iris pallida*. Dès 1835, l'Iris de Florence fut l'objet d'une culture suivie et importante près de Seyssel dans l'Ain, et à moindre échelle dans le Var et les Bouches-du-Rhône.

IRIS TROJANA

L'essence d'Iris est appelée « Orris oil » ; les rhizomes arrachés sont lavés, pelés, puis séchés durant trois ans. Un des constituants principaux de l'Orris oil est l'Irone (violette synthétique) qui amena toute une révolution dans l'industrie de la parfumerie. La récolte des rhizomes et le procédé de séchage sont des opérations longues que des travaux de recherche scientifique tentent aujourd'hui de réduire considérablement. En effet, il faut trois ans de culture plus trois ans de séchage pour extraire l'Orris oil.

« L'Iris est une matière première d'une finesse étonnante. Les rhizomes (des fleurs cultivées en Toscane et au Maroc) séchés, concassés et distillés, libèrent une essence (30 000 F le kilo) qui sert de « catalyseur » à ses autres congénères, se renforçant l'une l'autre pour mieux s'épauler tant elles sont délicates, et diffuser avec finesse en tête du parfum, une senteur poudrée, délicate et sophistiquée. » (Extrait d'un article ayant pour titre « *Voyages autour du Parfum* »).

Place dans l'art

Aujourd'hui, grâce au travail des hybrideurs, l'Iris est devenu une véritable œuvre d'art ; la forme sculpturale des fleurs, la palette infinie des coloris en témoignent.

Nombre d'artistes, de l'Antiquité jusqu'à nos jours, ont été inspirés par l'Iris. Il n'est pas rare, lorsque nos champs fleurissent, que des peintres amateurs y installent leur chevalet. L'architecture de la fleur est telle qu'elle se prête aussi merveilleusement à la photographie.

L'on trouve des représentations d'Iris sur nombre d'objets ; en 1986, la municipalité de Marseille organisa une exposition au musée Borély regroupant 126 œuvres diverses : vases, couverts, meubles, sculptures sur métal, livres, affiches, papiers peints, gouaches, estampes... Fin XIXe et début XXe, l'Iris fut aussi très représenté dans les vitraux.

Parlons aussi de la couleur ; l'Iris est la seule fleur de nos contrées qui présente toute la gamme des bleus, du plus tendre au plus noir. Or, le bleu a toujours été fascinant pour les peintres. Sans doute est-ce une des raisons qui l'ont fait figurer sur de nombreuses toiles.

Ne terminons pas ce court chapitre sans parler de Vincent Van Gogh : « Van Gogh a travaillé la nature dans la force, presque la brutalité. Un an avant sa mort, Van Gogh peint beaucoup de paysages et tableaux de fleurs. Le soleil de Provence lui fait appliquer plus puissamment la couleur, tandis qu'il abandonne la touche allusive et légère de la manière impressionniste. Des tons oranges, bleus, verts, rompus et larges, orientés de manière concentrique autour d'Iris placés au centre de la composition, assurent à la fleur une solidité surprenante. Inspiré par les gravures d'Iris d'Hokusai et d'Hiroshige, Van Gogh a réalisé de nombreuses compositions où apparaît le principe de verticalité inscrit dans la structure de cette plante, ainsi que le cadrage en gros plan du détail. Dans leur entrelacement en forme de grille, ces fleurs se distinguent nettement des "natures mortes aux fleurs" européennes des siècles précédents. Comme dans l'art japonais, en effet, le peintre met littéralement "sous les yeux" du spectateur le détail isolé, pris comme "accidentellement" dans une plate-bande ou un champ. » (*Hommes & Plantes*, no 4).

Le développement de l'Iris des jardins

Pour tout amateur d'Iris, il est intéressant de savoir quand, où et par qui ont été développées les premières variétés d'Iris barbus de nos jardins. Si l'obtention d'Iris par le semis était déjà connue et pratiquée avant 1600, c'est à partir des années 1820 que les progrès furent les plus spectaculaires.

AU XIXᵉ SIÈCLE, DES HOMMES A QUI L'ON DOIT BEAUCOUP

De Bure (décédé en 1842), amateur parisien, obtint en 1822 par semis l'*Iris buriensis*, considéré comme marquant le départ d'une nouvelle époque dans le développement des Iris barbus. L'*Iris buriensis* se fit remarquer par ses fleurs plus grandes que celles de l'*Iris plicata*, auquel il ressemblait par son coloris et sa tige ramifiée. De Bure n'obtint aucun semis par hybridation ; néanmoins, il put conclure à certaines affinités entre des Iris considérés comme espèces dans son temps. Voici un extrait d'un de ses articles paru en 1837 dans les Annales de la Société Royale d'Horticulture de Paris : « Semis de l'Iris de de Bure, issu de l'*Iris plicata*. Sur 404 plantes, 144 ont fleuri en 1836. Aucune n'a reproduit soit l'Iris plicata, soit l'Iris de de Bure. Elles diffèrent toutes singulièrement de ces deux plantes. 17 ont donné des fleurs de différentes nuances de bleu sur fond blanc, etc. 124 des variétés de toutes nuances de l'*Iris squalens*. Parmi les trois dernières se trouvent un *pallida* et deux *variegata*. Cette reproduction de l'*Iris pallida* et du *variegata* par les graines provenant originairement du *plicata* semble devoir conduire à cette conclusion que le *pallida* et le *variegata* sont deux des types primitifs dont est sortie une partie des espèces connues. »

Personnalité éminente parmi les notabilités horticoles de la première moitié du XIXe siècle, **Jacques** (1780-1866) commença à obtenir des semis d'Iris avant 1830, qu'il distribua aux horticulteurs et aux amateurs. Malheureusement, il est impossible de trouver des indications sur les variétés obtenues et nommées par lui. On suppose que les variétés citées par Lemon comme existantes quand ce dernier commença à faire des semis étaient de Jacques, qui aurait donc obtenu les Iris barbus connus sous les noms de *Aura, Formosa, Reticulata alba, Reticulata superba, Reticulata purpura, Pallida speciosa, Sambucina major* et *Sanguinea*.

Lemon (décédé en 1895) se voua à la culture des Iris de semis. Grâce à cet horticulteur, les grands Iris barbus, connus alors sous le nom collectif d'*Iris germanica*, devinrent un article recherché du commerce horticole et figurant annuellement dans des catalogues. Voici ce qu'il en disait en 1840 : « J'ai fait de nombreux semis de cette espèce *(Germanica)*, et j'ai également obtenu une grande quantité de variétés fort intéressantes que je vais faire connaître succinctement car il y en a beaucoup de dignes de l'attention des amateurs et capables de produire un effet très pittoresque en les plantant convenablement. »

Dans les listes publiées, les variétés sont divisées, selon leur hauteur, en trois groupes. Les semis les meilleurs sont marqués de deux astérisques, tandis que les variétés anciennes, probablement obtenues par Jacques, sont indiquées par un astérisque.

De Bure, Jacques et Lemon n'ignoraient pas que le vrai *I. germanica* ne produit ordinairement pas de graines. Lemon dit avoir récolté des graines des Iris suivants : *Plicata, Sambucina, Squalens, Pallida, Hungaria* et *Variegata* et que ses semis produisent des fleurs dans la troisième ou quatrième année. Aucun de ses semis n'est le résultat de l'hybridation ; ce fait est d'ailleurs rapporté dans les *Annales de la Société Royale d'Horticulture de Paris* de 1845. Dès 1845, sur la liste publiée par Lemon, figuraient déjà 150 variétés toutes différentes (la célèbre variété « Madame Chéreau » date de cette époque).

En dehors des trois Français, de Bure, Jacques, Lemon, on peut aussi citer messieurs **Louis Van Houtte** (Belgique), **Victor et Eugène Verdier** (France) et **John Salter** (Angleterre). Chacun de ces horticulteurs proposa ses propres semis pour rivaliser avec ceux de Lemon et asseoir la réputation de leur pépinière.

Du fait de la guerre franco-prussienne, l'intérêt, sur le continent européen, pour les Iris herbacés décline. Les journaux horticoles français n'en parlent plus et, jusqu'en 1905, aucune variété nouvelle n'apparaît dans les catalogues.

L'Angleterre fut à cette époque, le seul pays à contribuer au développement de l'Iris. **Robert Parker**, entre 1873 et 1880, publia de longues listes descriptives d'Iris (comme Salter un peu plus tôt). On ignore si les variétés introduites étaient le résultat de croisements manuels ou le simple fait des abeilles. Par contre, entre

P acific mist (Grand Iris) et Black Night (Delphinium pacifique). *Page ci-contre.*

1890 et 1900, **Goos** et **Koenemann** en Allemagne, **Amos Perry** et **George Reuthe** en Angleterre, réalisèrent des hybridations de leurs mains.

La période 1870-1900 est caractérisée par l'apport de quelques nouveautés supérieures à celles créées antérieurement, nouveautés jugées par certains comme impossibles à améliorer ultérieurement. A l'approche de l'an 2000, il serait certainement intéressant de comparer GRACCHUS (Ware, 1884), MRS HORACE DARWIN (Foster, 1893) avec les médaillés de **Dykes** de 1990 à 1995.

DE 1900 A NOS JOURS : DES PROGRÈS CONSIDÉRABLES

En France
Une ère nouvelle s'ouvre avec l'introduction d'espèces à grandes fleurs (*I. Ricardi, Amas, Cypriana, Trojana*).

Après la mort d'Eugène Verdier, en 1902, la maison **Vilmorin-Andrieux & Cie** acquiert sa collection. Les résultats obtenus par la société Vilmorin sont tout à fait remarquables. A partir de 1905, leurs nouveautés présentées aux séances du Comité de Floriculture de la Société Nationale d'Horticulture de France remportèrent nombre de certificats de mérite parfaitement justifiés (ex. : AMBASSADEUR (1920), MAGNIFICA (1920), BALLERINE (1920), ZOUAVE...).

Dès lors, les plantes de valeur sont multipliées chaque année, tandis que sont éliminées les variétés ne réunissant pas un minimum de qualités.

D'autres hybrideurs français obtiennent des résultats d'égale qualité : **Millet** à Bourg-la-Reine, créateur de « SOUVENIR DE MADAME GAUDICHEAU » (1914), dont les fleurs pourpres énormes firent sensation. **Denis**, un amateur de l'Hérault, tente, lui, d'améliorer les Iris de jardins par l'emploi de l'*I. Ricardi* (de Palestine). Ses obtentions sont citées dans la presse horticole : MADAME CLAUDE MONET, MADEMOISELLE SCHWARTZ (1916), etc.

Ferdinand Cayeux (1864-1948) (Ets Cayeux et Le Clerc). Il est certain que le monde horticole, et en particulier celui des Iris, lui doit beaucoup.

Passionné par l'hybridation, il obtint de 1929 à 1939, dix médailles de Dykes récompensant chaque année le meilleur Iris français, prix qui n'est plus décerné aujourd'hui dans notre pays.

Pour preuve du talent de Ferdinand Cayeux, voici deux extraits d'articles parus : l'un dans le supplément aux *Iris cultivés* (1929) et l'autre dans un bulletin de l'American Iris Society (1939) : « La visite se termina par une cordiale réception de Monsieur Ferdinand Cayeux, qui nous convia à sabler le champagne dans une salle de ses nombreux magasins, magnifiquement fleurie avec des Pivoines. Là encore, les membres de la commission félicitèrent le célèbre obtenteur de tant de belles variétés horticoles, non seulement en Iris, mais aussi dans beaucoup d'autres genres de plantes : Dahlia, Pyrethrum, Gladiolus, Aster, Chrysanthemum maximum, Papaver, Phlox, etc., sans omettre les nombreuses et méritantes plantes potagères qu'on lui doit, magnifiques résultats d'une somme considérable de travail qui a valu aux Établissements Cayeux et Le Clerc une réputation universelle... Un proverbe dit que nul n'est prophète en son pays. Nous en avons un exemple sous les yeux, et c'est avec un véritable plaisir que nous lisions, il y a quelque temps, dans une publication américaine, le compte rendu d'une visite faite, en 1928, dans les cultures

Ferdinand Cayeux aux côtés de Mrs O'Murell devant l'Iris Anne-Marie Cayeux (juin 1930).

de nos collègues par M. Douglas Pattison, propriétaire de Quality Gardens à Freeport, Illinois.

Après avoir décrit les merveilles vues au Petit-Vitry, Mrs Pattison terminait son article en ces termes : "Après avoir parlé avec les spécialistes et amateur d'Iris que j'ai rencontrés en Angleterre et en France, je crois que l'opinion générale est que Monsieur Cayeux se trouve actuellement l'hybrideur le plus avancé du monde. Cette opinion est aussi forte en Angleterre qu'en France."

Nous n'ajouterons rien à cette flatteuse appréciation qui rejaillit sur toute l'Horticulture française, et dont nous pouvons tous être fiers. »

« Mons. Ferdinand Cayeux had begun breeding Irises in a large way and, from 1924 on this firm has been probably the world's greatest in this work. An immense number of award winners have been produced, and many of the best American varieties owe their success to the "blood" of superb Cayeux Irises. » (extrait de l'AIS, 1939) : « Monsieur Ferdinand Cayeux a réalisé, de 1924 à ce jour, un nombre considérable d'hybridations et son entreprise a probablement été la plus importante au monde dans ce secteur. Un nombre très important de gagnants ont été produits, et beaucoup des meilleurs Iris américains doivent leur succès au « sang » des superbes Iris Cayeux. »

Ferdinand Cayeux ne se contente pas de ses propres obtentions. En effet, sont présentes dans ses cultures du « Petit-Vitry », nombre de variétés étrangères récentes ou nouvellement importées d'Angleterre et d'Amérique afin de les comparer aux siennes, de les utiliser en hybridation ou encore de les commercialiser.

Certaines de ses variétés comme LOUVOIS (1936), MA MIE (1906), FLORENTINE, LUGANO (1939), sont toujours présentes dans des catalogues actuels (Staudengärtnerei Gräfin von Zeppelin en Allemagne / Clarence Mahan aux États-Unis / Bourdillon en France).

Jean Cayeux.

Le nombre d'obtentions est tel que nous ne citerons ici que certains médaillés de Dykes : MADAME MAURICE LASSAILLY (1935), DÉPUTÉ NOMBLOT (1930), ECLADOR (1932), JEAN CAYEUX (1931), MADAME LOUIS AUREAU (1934) et PLUIE D'OR (1928) le premier Iris à grandes fleurs jaune pur. Jusqu'en 1939, des catalogues contenant 95 % de variétés françaises et 5 % de variétés étrangères étaient imprimés entièrement en anglais à destination des États-Unis ; aujourd'hui, le phénomène est inversé et les catalogues français contiennent environ 80 % de variétés américaines.

Arrive la Seconde Guerre mondiale, qui provoque bien sûr une large baisse d'activité dans le domaine qui nous intéresse ; mais la collection d'Iris de Ferdinand Cayeux est sauvée du désastre et reprise par son fils **René Cayeux** (1896-1970), qui sort de 1947 à 1959 des listes puis des catalogues illustrés en couleurs mais ne réalise pas d'hybridations, se consacrant surtout au métier de la graine.

Le véritable regain d'intérêt pour les Iris en France commence en 1960 avec l'installation de **Jean Cayeux** (fils de René Cayeux) à Gien (Loiret). A l'époque, la superficie consacrée à la culture des Iris est de l'ordre d'un quart d'hectare pour atteindre en 1990 environ 20 hectares (soit 700 000 pieds mères).

Jean Cayeux commence à réaliser des hybridations dès l'âge de 19 ans, en 1945, et obtient rapidement d'excellentes variétés reconnues aussi bien en France qu'à l'étranger (même outre-Atlantique, ce qui est loin d'être évident).

Parmi ses nombreuses obtentions, nous pouvons citer : DANSE DU FEU, DENTELLE ROSE, PRINCESSE WOLKONSKY, FALBALA, PREMIER BAL, CONDOTTIÈRE (utilisé dans de nombreux croisements par les hybrideurs américains), ALIZÉS, etc.

Si les obtenteurs américains de 1960 à nos jours peuvent être considérés comme les meilleurs et les plus nombreux, ils ne le sont pas pour l'obtention de tous les coloris et certaines variétés de Jean Cayeux sont citées en 1993 dans un article de l'American Iris Society comme la perfection dans leur gamme de teintes.

De 1970 à 1980, deux nouveaux noms apparaissent en France : **Michel Bourdillon**, installé en Sologne, qui développe une belle collection d'Iris, et **Pierre Anfosso**, qui acquiert vite un savoir-faire reconnu en matière d'hybridation.

C'est en 1990 que je reprends la suite de mon père, Jean Cayeux (ayant travaillé avec lui depuis 1983). A ce jour, nous commercialisons plus de 400 variétés d'Iris de jardin, cultivés sur 20 hectares (plus grande culture européenne d'Iris à rhizome), continuons nos programmes d'hybridation (en 1994 : 45 Iris sortis de nos recherches ont concouru aux États-Unis) et testons des centaines de variétés importées afin de ne sélectionner que les meilleures.

Notre souhait est que l'engouement pour l'Iris atteigne bientôt en France ce qu'il est aujourd'hui aux États-Unis.

Aux États-Unis

La passion de l'Iris commença plus tard outre-Atlantique que sur notre vieux continent ; par contre, elle fut galopante. Des variétés arrivèrent d'Europe aux États-Unis juste avant l'implication de ces derniers dans la Première Guerre mondiale. A partir de là, ce fut un déluge de créations d'Iris.

Il existait cependant, depuis environ 1900, des collectionneurs d'Iris comme M. Bertrand J. Farr, qui commença rapidement à faire des semis. Citons aussi Miss

Grace Sturtevant, E.B. Williamson et J. Marion Shall qui, dans les années 20, obtinrent de bonnes variétés de grandes dimensions et de très bonne floribondité, comme QUEEN CATERINA, RÊVERIE, SHEKINAH. 1920 est une année importante car elle voit naître l'American Iris Society (AIS), dont l'influence sur la vulgarisation de l'Iris aux États-Unis a été prédominante. A part ces pionniers du début du siècle, des personnalités comme David Hall, Tompkins, Gibson, etc. ont permis aux Iris de grands progrès.

Aujourd'hui, les producteurs et hybrideurs américains sont les premiers au monde. La famille Schreiner plante chaque année de 80 à 100 hectares d'Iris près de Salem (Oregon) et est sans doute le plus grand vendeur d'Iris aux particuliers au monde. De plus elle détient plusieurs médailles de Dykes, la dernière en date avec HONKY TONK BLUES (1995) et ne compte plus les autres distinctions obtenues par ses créations. On peut affirmer, sans crainte de se tromper, que les meilleurs Iris bleus actuels sont le fruit de leurs hybridations nombreuses et rigoureuses. Le premier producteur au monde en 1993, et ce pour la surface cultivée (environ 100 ha), est Cooley's Garden, lui aussi situé en Oregon et également créateur de variétés.

Parmi les obtenteurs de ces dernières années, certains comme **Keppel, Hager** (EDITH WOOLFORD, Dykes 1993), **Niswonger** (EVERYTHING PLUS, Dykes 1991), **Ghio, Shoop, Aitken...** se détachent du lot.

R̲ichard Cayeux.

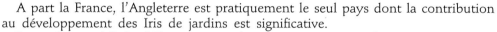

En Europe

A part la France, l'Angleterre est pratiquement le seul pays dont la contribution au développement des Iris de jardins est significative.

Le professeur **Michael Foster** mérite le respect par son étude et ses expériences sur tous les groupes du genre Iris. Il effectua de nombreux croisements entre espèces de groupes différents et enrichit nos jardins de plusieurs variétés d'Iris barbus.

Après Foster, d'autres comme **Yeld** et **Hort** obtinrent de splendides semis. N'omettons pas M. **Bliss**, ingénieur retraité et auteur d'une variété, « DOMINION », tout à fait sensationnelle en 1917 et marquant une nouvelle étape dans l'amélioration des Iris. Enfin, terminons par le professeur **W. R. Dykes**, auteur d'une célèbre monographie sur les Iris, hybrideur de talent et qui donna son nom à la médaille récompensant chaque année le meilleur Iris d'un pays.

En Australie

Un des meilleurs créateurs d'Iris des années 1980-90 se nomme **Barry Blyth** (Victoria). Il est obtenteur de superbes amoena (BEACH GIRL, NEUTRON DANCE, etc.) que les plus fins connaisseurs d'Iris utilisent dans leur programme d'amélioration et diffusent aux amateurs du monde entier.

En conclusion, on peut dire que le développement des Iris de jardins depuis 1950 jusqu'à 1990 a certainement été plus important qu'au cours des siècles précédents, à tel point que dans certains coloris, il est permis de se demander si l'on pourra encore améliorer. Ceci ne doit pas nous faire perdre de vue des personnages comme de Bure, Lemon, Jacques, Foster, F. Cayeux qui furent de véritables pionniers pour le développement des Iris.

PRÉSENCE DES IRIS AU JARDIN

Le mot « présence » est un de ceux qui convient le mieux aux Iris : l'architecture de la fleur, les multiples coloris et la délicatesse des pièces florales attirent immédiatement l'œil du jardinier le moins averti... De par leur aptitude à supporter

Jardin de présentation d'Iris des Établissements Cayeux.
Au premier plan, la variété Royal Crusader.

de nombreux climats et conditions de culture, les Iris peuvent prendre place dans presque tous les types de jardins. Que l'ont soit jardinier débutant ou aguerri, il serait dommage de se priver de la présence des Iris, plante rustique et facile à réussir s'il en est (d'autant plus que nous ne parlons, dans ce qui suit, que d'Iris vraiment vivaces).

Ancien cultivar d'Iris des jardins planté en bordure d'un potager.

Bordures et îlots uniquement composés d'Iris

Il est certain qu'une floraison en masse de grands Iris est toujours impressionnante ; sans doute est-ce une des raisons pour lesquelles on les emploie dans la composition de grandes bordures d'allées, d'îlots encadrés de pelouse et le long de murs. Voici donc les clés de la réussite pour de tels massifs.

Où planter ?

Exposition

Qu'il s'agisse des Iris dits de jardin ou des Iris de Sibérie, les deux étant les plus aptes à constituer bordures et îlots, une situation ensoleillée est absolument indispensable. Si l'ombre n'empêche pas l'Iris de se développer, elle inhibe plus ou moins sa floraison. Il est possible que des Iris plantés à mi-ombre fleurissent au printemps suivant, mais ils s'arrêteront dès la deuxième année.

Dans quel type de sol ?

Comme la plupart des plantes vivaces, un sol bien drainé est nécessaire pour éviter la pourriture des rhizomes occasionnée par la stagnation de l'eau. A ce propos, en présence de sol argileux, il est bon d'incorporer profondément du compost (parfaitement décomposé) pour améliorer la structure du terrain et donc le drainage ; l'addition de compost est préférable à celle de sable (de rivière !), car ce dernier ne s'associe pas au complexe du sol. Quant au pH du sol, l'idéal se situe entre 6 et 8, les grands Iris pouvant s'accommoder de pH plus élevés. Dans le cas des Sibirica, une légère acidité ou la neutralité sont préférables.

Quand planter ?

Les Iris barbus   La meilleure époque dans le Bassin parisien se situe entre le début juillet et la fin septembre. Pas avant car il faut que les rhizomes devant fleurir au printemps suivant se développent, et pas après fin septembre pour que le rhizome planté émette des racines avant l'arrivée des périodes froides qui marquent l'arrêt de la croissance. Planter un Iris durant l'hiver ou au printemps est une perte de temps : soit il fleurira mais la plante sera épuisée l'année suivante, soit il ne fleurira pas, auquel cas sa plantation était pratiquement inutile.

Les Iris de Sibérie   Deux époques de l'année sont à éviter : de mi-avril à fin août et les mois de fortes gelées, ces Iris ayant besoin de périodes douces pour s'installer. En climat tempéré, une plantation de début mars à mi-avril est préférable, même si l'on perd la floraison de première année. Pour une plantation automnale, il est souhaitable d'offrir à ces Iris une couverture contre les rigueurs de l'hiver sous forme de mulch ou paillis, cette précaution devenant inutile pour les hivers suivants.

Comment planter ?

Densité   Nous donnons ci-dessous des quantités et des distances moyennes permettant aux Iris de croître sans encombre durant 3 à 4 saisons, donc de fleurir correctement. Planter plus serré permet, certes, d'obtenir plus rapidement un effet de masse, mais provoque aussi l'indispensable division des touffes plus tôt.
- Grands Iris : 7 à 8 par m² / 1 tous les 30 à 50 cm ;
- Iris intermédiaires : 7 à 11 par m² / 1 tous les 25 à 30 cm ;
- Iris lilliputs, Iris nains : 12 à 15 par m² / 1 tous les 20 à 25 cm ;
- Iris de Sibérie : 4 à 5 par m² / 1 tous les 50 cm.

A quelle profondeur ?   - Pour les Iris de jardin, il faut que le dessus du rhizome soit pratiquement à la surface du sol.

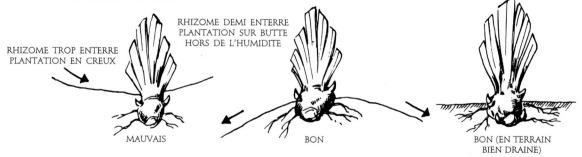

RHIZOME DEMI ENTERRE
PLANTATION SUR BUTTE
HORS DE L'HUMIDITE

RHIZOME TROP ENTERRE
PLANTATION EN CREUX

MAUVAIS   BON   BON (EN TERRAIN BIEN DRAINE)

- Pour les Iris de Sibérie, enterrer le rhizome de 3 à 4 cm (ne pas planter en butte).

En fonction du massif désiré   Quelles que soient les variétés ou espèces choisies, il est recommandé de planter les rhizomes par blocs de 3, 5 ou 7 d'une même variété pour réaliser de jolies zones colorées plutôt qu'un pied d'une variété suivi d'une autre, ce qui risquerait de faire fouillis ou de noyer les couleurs.

A la plantation en ligne droite il faut préférer celle en quinconce, moins rigide, le feuillage des Iris l'étant déjà suffisamment, bien que dans le cas d'une bordure étroite (50 à 60 cm) cela ne soit guère possible.

Pseudacorus Roy Davidson.

◁ Plein épanouissement d'un massif de grands Iris.

Le choix des variétés

En fonction de la durée de floraison

En fait, tout dépend de l'effet désiré : faut-il préférer une floraison en masse ou bien un étagement dans l'épanouissement des Iris ? Ce n'est là qu'une affaire de goût. Par rapport aux plantes annuelles ou aux rosiers, la floraison des Iris peut sembler courte, une variété restant fleurie environ trois semaines. Cependant, peu de vivaces offrent une telle explosion de fleurs. De plus, à cette période, le jardin est peu coloré, les tulipes étant fanées et les roses pas encore ouvertes.

La bordure de grands Iris – Pour avoir 5 semaines de fleurs, il est impératif de sélectionner des variétés précoces, de mi-saison et des tardives ; de toute façon, il y aura toujours une période où précoces et tardives seront simultanément épanouies.

La bordure de l'Iris de Sibérie – Fleurie moins longtemps que la précédente, elle a l'avantage d'avoir un plus joli feuillage après la floraison.

Les bordures mixtes – Elles peuvent offrir un printemps fleuri de fin mars à presque fin juin, les premiers Iris nains s'ouvrant dès le 20 mars et les *Iris spuria* allant jusqu'au 20-25 juin. Le positionnement de tous ces Iris devra bien évidemment se faire en fonction de leurs exigences de culture et de leur hauteur respective (les plus courts au premier plan !).

Bordure d'Iris au château de Vuillierens (Suisse).

PÉRIODE ET DURÉE DE FLORAISON DES IRIS

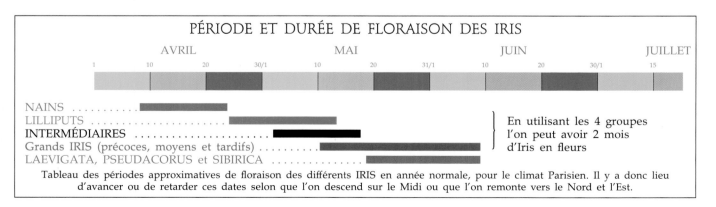

	AVRIL			MAI			JUIN			JUILLET
1	10	20	30/1	10	20	31/1	10	20	30/1	15

NAINS . . . .

LILLIPUTS . . . .

INTERMÉDIAIRES . . . .

Grands IRIS (précoces, moyens et tardifs) . . . .

LAEVIGATA, PSEUDACORUS et SIBIRICA . . . .

En utilisant les 4 groupes l'on peut avoir 2 mois d'Iris en fleurs

Tableau des périodes approximatives de floraison des différents IRIS en année normale, pour le climat Parisien. Il y a donc lieu d'avancer ou de retarder ces dates selon que l'on descend sur le Midi ou que l'on remonte vers le Nord et l'Est.

◁ Bordure d'Iris intermédiaires.

Il n'y a pas vraiment de règles dans l'association des variétés ; du fait de la douceur des teintes que présentent les Iris, rares sont les combinaisons pouvant déranger l'œil. Ce qui suit ne doit donc être pris que comme conseil.

A notre avis, les variétés où sont associées plusieurs teintes doivent être placées près de l'habitation ou dans un endroit où l'on a l'habitude de passer pour en apprécier toute la subtilité ; inversement, on pourra planter à distance les unicolores aux teintes vives.

Le blanc donne de l'éclat aux couleurs ; c'est pourquoi, dans les massifs d'unicolores, il est bon de planter des variétés blanches.

La création de camaïeux : du bleu le plus clair au presque noir, du rose pastel au rose cyclamen, du jaune pâle à l'orange... toutes les teintes de transition existent chez l'Iris.

Pour les jardins unicolores : là encore, les Iris répondent présent.

Pour les bordures basses : nains et lilliputs s'y prêtent à merveille et constituent très vite de véritables tapis fleuris.

Il serait trop long et fastidieux de vous proposer des listes de variétés mais vous trouverez dans un prochain chapitre un choix des meilleures dans chaque catégorie.

En fonction de la situation des massifs dans le jardin et des goûts de chacun

• **Les talus :** grâce à leur système radiculaire traçant et très développé, les Iris barbus sont un élément précieux pour retenir la terre des descentes de sous-sol, des pentes de transition dans les jardins en étages... Les variétés de lilliputs sont sans doute les meilleures à cet effet car leurs touffes à la croissance rapide possèdent de puissantes racines.

• **Les endroits arides et trop pourvus en cailloux :** ils conviennent bien aux Iris rhizomateux barbus qui n'ont besoin que de peu de terre pour croître ; de plus, la présence de pierres réchauffe le sol et assure un bon drainage, ce qui est tout bénéfice pour eux.

• **Les situations ventées :** les Iris intermédiaires, aux tiges plus courtes et aux fleurs moins opulentes que celles des grands barbus, constituent la solution à ce problème.

Pour les situations difficiles

Début de floraison aux Floralies de Nantes.

Notre plante est rustique et son entretien est simple ! Tout ce qui concerne les maladies et leurs traitements, les ennemis des Iris, les besoins en engrais sera vu plus loin.

Concernant le sol, il faut le maintenir propre et aéré et veiller à ne pas biner trop profondément pour ne pas abîmer les rhizomes. Durant les périodes vraiment sèches, un bon arrosage tous les 10-15 jours ne nuit pas aux Iris, bien au contraire, car c'est surtout au printemps qu'ils risquent de pourrir en cas de forte humidité.

Au bout de 3 à 5 ans (5 à 7 ans pour les Sibirica), en fonction du développement des touffes, il faut pratiquer la division. Cette opération est nécessaire pour que les Iris fleurissent à nouveau abondamment l'année suivante. En effet, trop serrés, les rhizomes s'atrophient faute de nourriture et donnent des fleurs plus petites, voire pas de fleurs du tout.

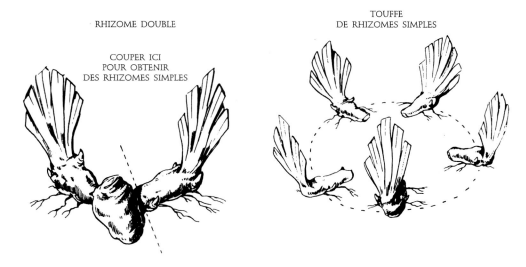

RHIZOME DOUBLE

TOUFFE
DE RHIZOMES SIMPLES

COUPER ICI
POUR OBTENIR
DES RHIZOMES SIMPLES

Les bons voisins des Iris

Hormis les utilisations vues précédemment, il est tout à fait possible d'utiliser les Iris dans les mixed-borders où leur floraison, généralement plus précoce que celle des autres vivaces, sera très appréciée. De plus, leur hauteur variant de 0,10 m à plus d'1,50 m, de nombreux plans peuvent leur être attribués. Il y a lieu, bien entendu, de respecter certaines règles :
- à part quelques exceptions *(I. foetidissima),* les Iris doivent être associés à des vivaces aimant le soleil ;
- il faut éviter l'envahissement des zones qui leur sont réservées par leurs voisins trop prolifiques (attention aux couvre-sols) ;
- enfin, il faut tenir compte de l'acidité ou de l'alcalinité du sol (ainsi il n'est pas possible d'associer des Iris barbus avec des plantes comme bruyères, azalées, rhododendrons...).

Grands Iris dans une bordure composée.

QUELS IRIS AVEC QUELLES VIVACES ?

Les Iris que nous préférons associer avec d'autres vivaces sont les suivants : Iris de Sibérie, Iris « d'eau » (Pseudacorus, Versicolor, Virginica), *Iris spuria*, ceux-ci craignant moins un environnement pressant ; de plus ils ont l'avantage, pour les deux premières catégories, d'avoir un feuillage exempt de taches relativement exubérant, feuillage qui crée un élément vertical intéressant par rapport aux voisins.

Tous les Iris barbus (nains, lilliputs, intermédiaires, grands), conviennent aussi, à condition qu'ils ne soient pas étouffés au pied par des plantes rampantes, ni ombragés par leur voisin. Le feuillage de ces Iris peut lui aussi être décoratif, un arrosage tous les dix jours durant l'été aidant à le conserver bien vert.

Enfin, deux Iris sont particulièrement intéressants pour cet emploi : *pallida variegata argenteis* (feuillage blanc et vert) et *pallida variegata aureis* (feuillage jaune crème et vert).

Iris de Sibérie

Les *Iris sibirica* (et *Iris sanguinea*, espèce très proche) sont très appréciables pour les amateurs de vrai bleu, coloris rare dans la nature ; ils pousseront certes moins haut que dans des situations tourbeuses ou marécageuses, mais on aurait tort de s'en priver tant leur légèreté et leur finesse apportent de charme aux massifs de vivaces. Parmi nos variétés préférées, citons : OTHER WORLD (bleu légèrement lavande), WHITE SWIRL (blanc à léger maculé jaune), HUBBARD (bordeaux pourpré). Leurs accompagnateurs vivaces peuvent être les suivants : Delphinium, Hémérocalles, Asters, Phlox, Pivoines herbacées (voir pp. 31 et 35 les illustrations d'associations).

Les Iris dits « d'eau »

Leur habitat naturel n'est certes pas la bordure herbacée mais plutôt les bords d'étangs ou de rivières. Malgré ce, ils sont très prolifiques lorsqu'ils sont installés dans des massifs de vivaces où leur feuillage luxuriant et de longue durée se remarque bien.

Compte tenu de leur provenance, ils devront être arrosés régulièrement pour bien s'exprimer ; un arrosage tous les dix jours de début avril à fin août est suffisant.

Leurs voisins : Roses anciennes, Hémérocalles, Pivoines herbacées ou arbustives, Delphiniums, Euphorbes, Achillée, Astilbe, Geum, Rudbeckia, Saxifrage, Solidago, Valériane...

Ceux que nous préférons : le Pseudacorus ROY DAVIDSON qui, grâce à sa puissance de végétation, sa prolificité, ses fleurs assez grandes pour un Iris d'« eau », est parfait pour les mixed-border (photo p. 21). Parmi les *Iris versicolor* : les formes *V. kermisina* et *V. rosea* sont extrêmement gracieuses. Sans oublier deux hybrides : GERALD DERBY *(Iris versicolor × Iris virginica)* au feuillage teinté rouge pourpre à la base et surtout BERLIN VERSILAEV *(I. versicolor × I. laevigata)* aux fleurs rouge pourpré vif portées par des tiges souples.

Iris spuria

Ils prennent en floraison le relais des grands Iris et sont donc particulièrement intéressants pour maintenir de la couleur dans les bordures herbacées. La plupart des hybrides cultivés sont des plantes assez hautes (de 0,80 m à 1,20 m) et peuvent donc s'insérer dans les arrières-plans des mixed-border. Après la floraison, le feuillage, pour la plupart des variétés, meurt ; de ce fait, la plante ne souffre pas trop du développement de ses voisins. Bien établis, ils forment de très fortes touffes aux fleurs aussi jolies à l'extérieur qu'en bouquets. Cependant, il leur faut au moins deux années pour donner toute leur puissance.

A part les hybrides, certaines espèces peuvent être cultivées dans les bordures herbacées : *I. Orientalis (= I. Ochroleuca)*, blanc à grande tache jaune sur les sépales, dont la variété Gigantea peut atteindre 1,50 m, *I. Monnieri* à fleur jaune clair et *I. Crocea (= I. Aurea)*, jaune d'or. Se développant bien dans les prairies humides, on peut leur associer les mêmes vivaces qu'aux *Sibirica* et Iris d'« eau ».

Les formes aureis et argenteis ont les mêmes exigences de culture, c'est-à-dire celles des grands Iris barbus. La forme aureis est un peu plus vigoureuse que la forme argenteis, mais moins spectaculaire à notre avis. Les fleurs de coloris bleu-lavande s'épanouissant en mai ne sont pas le plus grand attrait de ces Iris qu'il est préférable d'installer dans les premiers plans des bordures herbacées pour leur feuillage décoratif. De plus, I. *pallida argenteis* résiste remarquablement à la grande sécheresse.

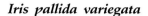
Iris pallida variegata

◁ I. pallida argenteis en mixed-border.

EXEMPLE DE MASSIFS

Beaucoup de combinaisons différentes de celles présentées plus loin sont possibles. Le choix des variétés d'Iris à intégrer dans les bordures est une affaire de goût personnel ; pour ma part, je préfère les contrastes harmonieux qui mettent en valeur les coloris les uns par rapport aux autres !

Le jardin paysager contenant des massifs d'arbustes et des rideaux de verdure est celui qui convient le mieux aux plantes vivaces, celles-ci devant être distribuées de façon à produire un ensemble agréable avec un maximum d'effet. Nous vous donnons ci-après quelques exemples de vivaces à installer par ordre croissant de taille avec les Iris correspondants.

PLANTES BASSES AVEC IRIS NAINS OU LILLIPUTS (5 à 30 cm)

Armeria maritima (« gazon d'Espagne »)
Antenneria dioica tomentosa
Aubrietia (en variétés)
Arabis alpina (« corbeille d'argent »)
Asters alpinus
Campanula carpatica
Cerastium tomentosum
Chrysantemum weyrichii et yezoense
Coreopsis grandiflora (var. « baby gold »)
Cotula duchesnea
Chrysogonum virginianum
Erigeron aurantiacus et karvinskianus
Erysimum
Euphorbia myrsinites
Geranium (nombreuses variétés
   dont dalmaticum et helveticum)
Geum rivale
Gypsophila repens
Helianthemum

Helichrysum (orientale et 'Schwefellicht')
Iberis (saxatilis et sempervirens)
Marrubium supinum
Oenothera missouriensis
Papaver alpinum
Phlox subulata (en variétés)
Plantago
Prunella (grandiflora, webbiena)
Pulsatilla vulgaris
Saponaria ocymoides
Satureja montana
Saxifraga (nombreuses variétés)
Sedum (nombreuses variétés)
Sibaldia procumbens
Sisyrinchium montanum
Stokesia laevis
Thymus (nombreuses variétés)
Veronica (austracia, surculosa...)

PLANTES DE TAILLE MOYENNE AVEC IRIS INTERMÉDIAIRES (jusqu'à 70 cm)

Achillea millefolium
Alchemilla mollis
Anaphalis margaritacea
Anemone japonica
Anthemis tinctoria
Anthericum ramosum
Aquilegia (« Ancolies » hybrides et espèces)
Artemisia (ludovicina, absinthium)
Aster amellus (en variétés)
Ballota pseudodictamnus
Campanula (glomerata 'dahurica', persicifolia)
Catananche caerulea
Centaurea (montana, dealbata, hypoleuca)
Centranthus ruber
Chelone obliqua
Coreopsis verticillata (et variétés)
Delphinium grandiflorum
Doronicum plantagineum
Dorycnium hirsutum
Erigeron hybride (en variétés)

Euphorbia (polychroma, seguieriana niciciana)
Felicia amelloides (syn. agathea celestis)
Geranium (maculatum, X magnificum...)
Hebe (Véronique arbustive)
Helenium hoopesii
Hemerocallis
Heuchera (cylindrica, X brizoides)
Knautia macedonica
Lavandula
Liatris spicata 'Kobold'
Mimulus
Oenothera tetragona
Potentilla (atrosanguinea, nepalensis...)
Salvia nemorosa (en variétés)
Saponaria officinalis
Scabiosa caucasica (en variétés)
Sedum spectabile
Senecio vira-vira
Teucrium chamacdrys
Verbena officinalis.

PLANTES HAUTES AVEC GRANDS IRIS, IRIS DE SIBÉRIE
(⩾ 70 cm) ET IRIS SPURIA (plus de 70 cm)

A mettre de préférence derrière les Iris dans le cas d'une bordure appuyée sur un mur ou une haie d'arbustes, au centre du massif dans le cas d'une île de vivaces.

Honey glazed (Iris intermédiaire) en mixed-border.
Eastertime (Grand Iris).

Acanthus mollis
Althaea rosea (rose trémière)
Artemisia abrotanum
Asclepias syriaca
Asters novi-belgii et novae angliae
   (en variétés)
Baptisia australis
Boltonia asteroides
Campanula latifolia
Centaurea atropurpurea
Coreopsis tripteris
Curtonus paniculatus
Delphinium pacific
Dictamnus albus
Dipsacus fullonum
Echinops ritro
Eryngium agavifolium
Euphorbia characias
Ferula communis
Foeniculum vulgare
Gaillardia grandiflora
Gaura lindheimeri
Helenium hybride (en variétés)
Helianthus decapetalus
Heliopsis scabra
Hemerocallis
Kitaibelia vitifolia
Kniphofia hybride
Leucanthemum maximum
Lupinus (avec Iris pour terrain acide)
Lychnis chalcedonica
Malva alcea
Penstemon digitalis
Phlox paniculata
Rosmarinus officinalis
Rudbeckia maxima
Salvia (azurea, glutinosa, argentea)
Tanacetum vulgare
   (syn. Chrysanthemum vulgare)
Verbascum (densiflorum, bombyciferum)
Verbena bonariensis.

DEUX EXEMPLES D'ILES CONSTITUÉES DE VIVACES

Île vivace en situation très ensoleillée

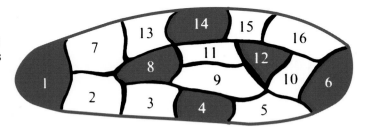

1. Iris pallida variegata
2. Aster alpinus
3. Iris intermédiaire (Raspberry blush, Tchin-Tchin)
4. Achillea « Moonshine »
5. Erigeron hybride
6. Iris intermédiaire (Early Frost, Liebling...)
7. Phlox douglasii
8. Armeria maritima
9. Iris lilliput (Betsey Boo, White gem, Open Sky...)
10. Geranium endressii
11. Iris lilliput (Melon honey, Stockholm, Joyful...)
12. Hémérocalle (Bertie ferries, Stella de oro...)

13. Iris (Vanity, Perle rose...)
14. Pivoine de Chine
15. Solidago (Goldenmosa)
16. Campanula persicifolia
17. Papaver orientale
18. Iris Sibirica (White swirl, Fourfold white...)

19. Hémérocalle (Etched in gold)
20. Rudbeckia fulgida
21. Saponaria officinalis
22. Sedum spectabile (Autumn joy)
23. Delphinium pacific
24. Hémérocalle (Blarney tower)
25. Iris ochroleuca

26. Heliopsis (Goldgefieder)
27. Grand Iris (Gallant moment, Margrave)
28. Salvia argentea
29. Grand Iris (Tide's in, Horizon bleu...)
30. Aster novae-angliae
31. Grand Iris (Frison-Roche, Leda's lover,...)

Île de plantes de rocailles

Un conseil : il se peut qu'après une ou deux années de culture, les taches réservées aux Iris soient envahies par leur vigoureux voisins. N'hésitez pas alors à éclaircir ces souches trop prolifiques.

1. Iris punila (« Azurea »)
2. Potentilla alba
3. Sedum anacampseros
4. Iris pallida variegata
5. Coreopsis grandiflora (« Baby gold »)

6. Iris lilliput (« Making eyes »)
7. Euphorbia cyparissias
8. Iris intermédiaire (« Battle shout »)
9. Hebe albicans

10. Thymus pseudolanuginosus
11. Hémérocalle (« Jockey club »)
12. Iris intermédiaire (« Cutie »)

13. Erigeron glaucus
14. Iris pumila (« Promise »)
15. Dianthus deltoides
16. Centaurea cana

Les Iris pour le jardin sauvage

C'est le « wild garden » des Anglais, transition entre le jardin bien délimité, bien peigné, et le paysage naturel environnant, « sauvage », ne signifiant pas qu'il s'agit d'une partie délaissée.

« Au lieu des dispositions ordonnées, arbres, arbustes, plantes à fleurs surtout, y sont réunis en des ensembles irréguliers où s'étalent en nappes, en colonies aux contours mouvementés, ou encore sont disposés avec fantaisie. Pour la constitution de ces groupes, on s'inspire le plus possible de la façon dont les plantes se comportent à l'état spontané ou naturel. » (Albert Maumené, Les jardins de Maryland, *La vie à la campagne*, 15 octobre 1912.)

C'est avec enthousiasme que M. A. Maumené décrit les colonies d'Iris de Germanie qui ont été plantées dans les jardins de Maryland : « Les Iris, dit-il, occupent des surfaces importantes. Ce sont tantôt des Iris mauves ou violets, tantôt des Iris blancs, dont le vert gai du gazon printanier fait ressortir la clarté ou l'intensité des couleurs et qui s'opposent parfois aux nappes de tons orangés très chauds des Crocosmias et au bleu très doux des pervenches. Et les rayons de soleil qui plongent

Joyce Terry (Grand Iris).

Chartreuse Bounty (Iris de Sibérie) et rosier ancien.

à travers les frondaisons légères des oliviers fondent les violets, incendient les rouges, irradient les jaunes et veloutent les blancs, en composant la plus somptueuse symphonie de couleurs. »

Voici donc une autre façon d'utiliser les grands Iris barbus (Iris de Germanie). En dehors de ceux-ci existe un certain nombre d'Iris capables de bien fleurir dans des environnements « sauvages ».

ESPACES OUVERTS

Iris bulbeux Les Reticulata, que l'on peut cultiver en bacs ou dans les jardins de rocaille sont particulièrement attrayants dans les environnements naturels. Ils fleurissent très tôt au printemps alors que leurs feuilles ne sont que très peu développées.

La plantation doit se faire à l'automne à 5-10 cm de profondeur en sol relativement léger et bien drainé. D'autres bulbilles se forment les années suivantes, faisant croître ainsi le nombre de ces petites fleurs bien agréables (hauteur : 15 à 20 cm).

Iris spuria Dans des endroits plus sauvages et plus ouverts, au verger, on peut installer quelques *Spuria* qui apporteront une touche de couleur à la fin du printemps. Ce sont des plantes très rustiques, bien prolifiques et qui pousseront toutes seules, une fois bien implantées. Il s'agit de *I. ochroleuca, I. monnieri, I. aurea* (déjà décrits dans la partie « les bons voisins des Iris »).

Iris sibirica Certaines variétés, les plus robustes, peuvent être utilisées dans les mêmes conditions que les Spuria, apportant ainsi des teintes différentes. De plus, les fleurs des Iris de Sibérie ont gardé cet aspect naturel recherché dans de telles situations.
Variétés robustes : DREAMING SPIRE, EGO, OTHER WORLD, VIOLET FLAIRE.

ENDROITS SEMI-OMBRAGÉS

Iris bulbeux d'Angleterre Ils proviennent de *I. latifolium* et poussent bien dans des prairies humifères et fraîches. La plantation s'effectue à l'automne : enfouir le bulbe à 10 cm dans le sol, un bulbe tous les 10-15 cm.

Quelques variétés : PRINCE ALBERT (bleu argenté), MONT BLANC (blanc pur), KING OF THE BLUES (bleu foncé), LA NUIT (rouge pourpré). Ce sont aussi d'excellentes fleurs à couper.

Iris foetidissima C'est le seul Iris capable de fleurir à l'ombre ; c'est aussi l'un des rares se développant bien dans presque toutes les conditions. Sa floraison peut passer inaperçue, les fleurs se situant dans le feuillage (pratiquement persistant). Par contre, ses fruits aux graines rouge corail sont tout à fait spectaculaires à l'automne (voir photo p. 57). Il en existe une forme à feuillage panaché de croissance plus lente, aimant rester longtemps en place.

**Iris unguicularis
(« Iris stylosa »)** Pourvu que le sol soit sec, il s'acclimate bien partout et a la particularité d'offrir une floraison hivernale. On peut même voir ses fleurs délicates traverser une couverture neigeuse.

Iris sintenisii
dans lesquels
s'enchevêtre
un rosier
miniature.

Le jardin aquatique et les lieux humides

Il y a lieu de distinguer les Iris tout à fait immergeables de ceux dont l'habitat naturel sont les zones marécageuses et qui ne peuvent, par conséquent, supporter qu'une immersion momentanée. Comme nous l'avons déjà dit, et sans craindre de nous répéter, tous ces Iris sont aussi de précieux auxiliaires pour les mixed-border.

IRIS IMMERGEABLES

Quatre espèces conviennent merveilleusement aux amateurs de jardins aquatiques et possesseurs de pièces d'eau artificielles ou naturelles ; ce sont : les Laevigata, les Pseudacorus, les Versicolor, les Virginica, plus certains hybrides de ces espèces.

La profondeur à laquelle on doit planter ces Iris ne doit pas excéder 15 cm et ils préfèrent un sol non calcaire (même si certaines espèces tolèrent une légère alcalinité). Lorsque l'on plante ces espèces en vrai milieu aquatique, le printemps est une excellente saison (jusqu'au 15 mai) et l'on est pratiquement sûr de n'avoir aucun problème de croissance.

Ces Iris, dans de telles conditions, sont extrêmement vigoureux et restant plusieurs années en place (5 ans), il faut avoir soin de les écarter suffisamment les uns des autres (minimum 70 cm).

Les Laevigata

Dykes a dit du Laevigata : « C'est le plus bel Iris bleu que nous possédons », et c'est aussi pour nous le plus gracieux des Iris à immerger. Il faut noter que, non immergé, il fleurit beaucoup moins bien. Pas très haut (30 à 60 cm), il faut le réserver aux premiers plans des bassins (éviter de mettre des Pseudacorus devant).

Quelques variétés : *Laevigata* ROYAL CARTWHEEL (six sépales bleu moyen pourpré à signal blanc) ; *Laevigata alba* (six sépales blancs) (photo p. 43) ; *Laevigata albopurpurea colchesterensis* (sépales bleu pourpré à signal et bordure blanc) : un des plus jolis, mais pas le plus vigoureux (photo p. 64) ; *Laevigata variegata* (feuillage panaché, fleur bleue, peu rustique !).

Les Pseudacorus

Bien connus, grâce à Clovis, extrêmement communs au bord de nos rivières ou dans nos fossés humides ils sont très très vigoureux et offrent plusieurs variantes. Pour les petits jardins ou les bassins de faible dimension, ils sont à employer avec parcimonie tant ils sont prolifiques. Un autre conseil : après la floraison, couper les hampes florales pour éviter que vos plates-bandes ne soient envahies les années suivantes par leurs rejetons provenant des graines.

Variétés
- *Pseudacorus bastardi :* fleur jaune d'or (mieux formée que la forme sauvage) (photo p. 51).
- *Pseudacorus* GOLDEN QUEEN : fleur jaune primevère pâle.
- *Pseudacorus flore pleno :* forme à fleur double (considéré par certains comme plus curieux que joli).
- *Pseudacorus variegata :* forme à feuillage panaché (restant intéressante malgré la perte des panachures 5 à 6 semaines après la floraison).

White Swirl
(Iris de Sibérie).

Pseudacorus compact form.

Pharaon Daughter (Iris inter-médiaire).

- *Pseudacorus* ALBA : fleur blanc crème (hélas nettement moins robuste que la forme jaune classique).
- HOLDEN CLOUGH (Patton 71) : c'est sans doute un hybride de *pseudacorus,* mais son origine reste assez mystérieuse. Un peu moins vigoureux que la forme classique, feuillage permanent en climat doux, fleur à fond jaune entièrement strié de brun. Curieux !
- ROY DAVIDSON (Hager 87) : semis direct de HOLDEN CLOUGH (surprenant car ses graines ont une germination très difficile). C'est un peu l'Hercule des *pseudacorus* : ses fleurs jaunes à macule brune discrète sont trois fois plus grandes que celles de la forme classique et durent trois fois plus longtemps. Quant à sa végétation pratiquement persistante, elle est tout simplement luxuriante. Un bon point de plus : il est aussi à l'aise sur terre que dans l'eau.
- *Pseudacorus* DONAU : forme tétraploïde. Nombreuses fleurs jaune d'or relativement grandes sur un feuillage très imposant. Intéressant aussi par son utilisation en hybridation avec les Iris du Japon (le jaune n'existant pas chez ces derniers).
- *Pseudacorus* COMPACT FORM : forme plus courte aux fleurs jaune vif et au feuillage très fin.

– TIGER BROTHER : c'est un frère de semis de ROY DAVIDSON à la végétation un peu moins envahissante, aux fleurs tigrées intermédiaires entre HOLDEN CLOUGH et ROY DAVIDSON.

Ils sont à l'Amérique du Nord ce que les *pseudacorus* sont à l'Europe, poussent de la même façon, sont un peu plus courts (0,60 m à 0,80 m au lieu de couramment 1 m pour certains *pseudacorus*) et de teintes radicalement différentes (bleu violet, rouge poupré...).

Les passionnés de jardins aquatiques qui ne les possèdent pas devraient absolument se les procurer, d'autant plus qu'actuellement une quinzaine de variétés nouvelles obtenues par hybridation viennent enrichir leur éventail.

I. Versicolor Kermisina.

Variétés classiques
– *I. versicolor* : fleur bleu violet (photo p. 51).
– *I. versicolor Lavender* : fleur bleu lavande, plus tardif que le premier et au feuillage plus développé et plus dressé.
– *I. versicolor kermisina* : fleur rouge pourpre chaud. Un de nos préférés.
– *I. versicolor rosea* : fleur rose très légèrement teinté mauve. Très joli !

– *I. virginica shrevei* : très facile à cultiver, son feuillage rappelle celui de *I. laevigata*, mais il a l'avantage de supporter le calcaire. Bleu lavande strié de violet (photo p. 51).
– GERALD DERBY *(I. versicolor × I. virginica)* : très, très vigoureux. Fleurs plus grandes et plus bleues que celles du Versicolor. La base du feuillage et des hampes florales sont rouge pourpre profond, une seule tige formant un véritable bouquet.
– BERLIN VERSILAEV *(I. versicolor × I. laevigata)* : Iris d'eau extrêmement séduisant au feuillage vert clair retombant. Les tiges flexueuses s'ornent de fleurs rouge pourpre à onglet jaune bien visible. C'est la perle du bassin !

IRIS DE ZONES HUMIDES

Il existe un large éventail d'Iris susceptibles d'être installés dans des coins frais du jardin, que ces endroits soient naturellement humides ou qu'on les ait aménagés dans ce but (bordures de bassins, zones fréquemment arrosées du fait de la nature des plantes présentes).

Quatre catégories s'acclimatent parfaitement dans des situations marécageuses, tourbeuses...

D'un réel intérêt pour le jardin, ils mériteraient certainement un plus grand développement dans nos pays européens. Les types sauvages se trouvant dans des prairies marécageuses, ils furent naturellement récoltés et replantés dans des rizières. De nos jours, au Japon, on les rencontre souvent aux bords de pièces d'eau ou carrément immergés (mais alors cultivés en pots). En fait, la plante n'a pas vraiment besoin de conditions aquatiques et sa présence dans de tels lieux s'explique par l'impression de beauté dégagée par le reflet de la fleur sur la nappe d'eau (Hirao 1984).

I. ensata.

Cette façon d'utiliser les *Iris kaempferi* a bien sûr conduit à les considérer comme de pures plantes de bassin, ce qui est erroné. En effet, il est maintenant bien admis que le gel de la nappe d'eau peut causer des dommages importants aux Iris du Japon (excepté pour certains cultivars). Il est de beaucoup préférable de cultiver les Ensata en conditions marécageuses ; ainsi on peut créer artificiellement des poches humides à l'aide d'un film de plastique enterré (à 40 cm) que l'on recouvrira d'un mélange de tourbe, terreau et terre de jardin ou terre de bruyère, sphagnum et terre, le tout étant d'obtenir un sol ne se compactant pas trop et de pH plutôt acide (5,5 à 6,5).

De nombreuses variétés existent – nous le verrons plus précisément dans le chapitre consacré aux « autres iris pour nos jardins –, les particularités de la fleur d'*I. kaempferi* étant la légèreté (elle semble flotter dans l'air et s'anime à la moindre brise), des dimensions importantes (certaines fleurs atteignent 25 cm de diamètre) et une grande finesse (les sépales s'ornent souvent d'un fin graphisme). Enfin, ils s'épanouissent, dans nos régions, à partir du 10 juin et certains sont encore fleuris au 14 juillet, d'où leur intérêt pour prolonger la saison des Iris. Les types primitifs de l'Iris du Japon sont moins intéressants que les nouveaux hybrides, sauf peut-être *I. ensata* ROSE QUEEN, au coloris rose très légèrement pourpré, de stature moyenne (50 à 60 cm) mais d'une grande beauté.

Iris Lilliput en mixed-border.

Parmi les espèces naturelles, seuls *I. brevicaulis* (ou *I. foliosa*), *I. fulva* et *I. fulvala* (*brevicaulis × fulva*) sont assez rustiques pour être cultivés dans des jardins soumis à des périodes de gel. Dans une bordure humide, des touffes d'*I. foliosa* au premier plan sont d'un bel effet, malgré une floraison basse (15 à 30 cm) et située dans le feuillage (photo p. 53). L'*Iris fulva*, plus haut (45 à 60 cm), a des fleurs rouge cuivré (photo p. 53) et l'*Iris fulvala* est un hybride intéressant par sa vigueur et sa floraison bleu pourpré. On peut regretter le fait que tous les hybrides de *Louisiana* n'aient pas la même résistance au froid ; heureusement, les créateurs de nouvelles variétés s'attachent à augmenter les caractères de rusticité et il est probable que, dans un futur proche, nos jardins pourront accueillir avec succès des cultivars sans problème.

Les Iris de Louisiane
(*Iris louisiana*,
hybrides et espèces)

Utilisables en situation normale de jardin (bordures, mixed-borders), ils sont encore plus spectaculaires au bord des pièces d'eau ou dans des zones humides. Un de leurs atouts est de ne pas trop craindre la présence de calcaire dans le sol. Diploïdes ou tétraploïdes, de 25 cm à 1 m de haut, aux teintes variées, à petites ou à grandes fleurs, leur utilité est grande pour le jardin aquatique. Grâce notamment aux travaux du docteur Currier Mac Ewen (Maine/USA) et du docteur Tamberg (Allemagne), de gros progrès dans l'obtention de nouvelles formes et de nouveaux coloris ont été réalisés depuis 25 ans par l'hybridation avec des espèces « cousines ».

Les Iris de Sibérie

I. chrysographes, I. forrestii, I. wilsonii, I. bulleyana, I. delavayi, I. clarkei font partie de la série Sibiricae et conviennent aux zones humides. *I. setosa* mesure 25 à 40 cm de haut et ses pétales pratiquement inexistants (simples nervures) le font ressembler à un *pseudacorus* bleu pourpré (voir photo p. 53). Extrêmement résistant au froid et affectionnant les sols frais, on peut l'installer dans les premiers plans des bordures aquatiques.

Autres Iris

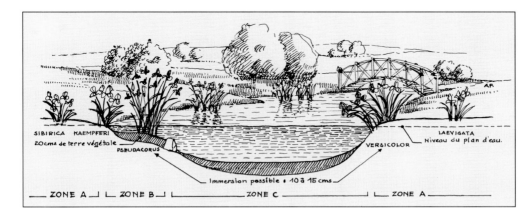

ZONE A : tous les Iris de zones humides (pouvant supporter une immersion seulement **momentanée**).

ZONE B : tous les Iris immergeables (possibilité d'y installer les Iris du Japon entre mars et fin septembre à condition de les cultiver en pots et de sortir ces derniers entre octobre et mi-mars pour les réenfoncer en pleine terre).

ZONE C : autre plantes aquatiques (pour immersion supérieure à celle des Iris).

QUELLES PLANTES ASSOCIER AUX IRIS « AQUATIQUES »

Les plantes de rivage

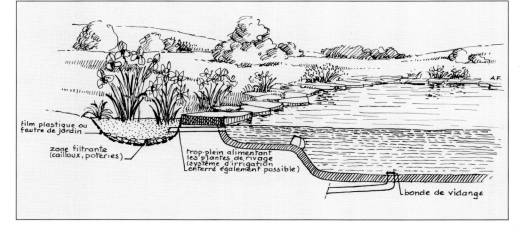

Iris pseudacorus.

Asclepias incarnata • Aruncus sylvester • Astilboides tabularis • Caltha palustris • Darmera (syn. Peltisphyllum peltatum) • Eupatorium cannabinum • Filipendula rubra et ulmaria • Geranium palustre • Geum rivale • Hibiscus palustris • Houttuynia cordata • Iris foetidissima • Iris ensata • Iris pseudacorus • Ligularia clivorum • Lysimachia punctata • Lythrum salicaria • Mazus pumilio et radicans • Myosotis palustris • Petasites albus et fragrans • Polygonum bistorta, campanulatum et polystachyum • Primula aurantiaca, beesiana, X bullesiana, brumanica, florindae, japonica, pulverulenta, rosea • Rudbeckia nitida • Rumex hydrolapathum • Tradescantia (hybrides d'andersoniana) • Trollius chinensis

Graminées : Carex grayi • Carex muskingumensis • Carex paludosa • Carex pendula • Carex riparia • Glyceria • Miscanthus • Molinia caerulea • Phalaris • Spartina

Les plantes aquatiques en fonction de la profondeur

– Zone aquatique de 0 à 10 cm de profondeur : Acorus • Alisma • Butomus • Carex paludosa (graminée) • Hippuris • Mentha aquatica • Menyanthes • Polygonum amphibium • Pontederia • Sagittaria • Scirpus • Typha • Nymphoïdes peltata.

– Zone aquatique de 10 à 30 cm de profondeur : les plantes vivant dans cette zone enfoncent leurs racines dans le sol. Leurs feuilles et leurs fleurs se dressent au-dessus du niveau de l'eau : Acorus • Alisma • Butomus • Hippuris • Mentha aquatica • Polygonum amphibium • Sagittaria • Scirpus • Typha.

– Zone aquatique de plus de 30 cm de profondeur.

Ce groupe contient des plantes flottantes, non enracinées dans le sol et des plantes enracinées dont les feuilles flottent à la surface de l'eau. Certaines ont une fonction oxygénante : Aponogeton • Eichhornia (Pontederia) • Nuphar • Nymphaea • Polygonum amphibium • Nymphoides peltata.

D'autres plantes de ce groupe sont entièrement submergées. Enracinées ou non dans le sol, elles vivent entièrement sous la surface de l'eau. Certaines ont une fonction oxygénante : Elodea • Myriophyllum • Potamogeton.

Skating Party
(Grand Iris).

41

LA GRANDE DIVERSITÉ
DES IRIS

Il ne s'agit là ni de faire un cours de biologie végétale, ni d'ennuyer l'amateur plus ou moins débutant en le noyant sous une foule de noms d'espèces, mais plutôt de lui faire mesurer toute la richesse et le potentiel de notre plante, où même les experts en systématique ont parfois du mal à se retrouver !

Nature de la plante

Au cours des temps, les végétaux ont subi une longue évolution leur donnant des caractères de plus en plus spécialisés et adaptés au milieu aérien.

Les Iridacées représentent, au sein du règne végétal, une des familles les plus évoluées ; elles appartiennent aux Cormophytes (*cormus* = appareil végétatif composé de tiges, de feuilles et généralement de racines) et sont des Monocotylédones [1 seul cotylédon (feuille embryonnaire)].

Tous les Iris sont des plantes herbacées et tous possèdent un appareil souterrain permanent leur donnant le caractère de plante pérenne (ou vivace). Cet appareil souterrain, gorgé de réserves, assure à la plante sa conservation durant la mauvaise saison. Tous les Iris ont aussi en commun un appareil aérien régulièrement renouvelé, composé des feuilles et des fleurs. L'étude de ces appareils est primordiale, car elle nous permet d'établir la classification des Iris.

LES ORGANES SOUTERRAINS

On en distingue deux types :

Les rhizomes   Tiges souterraines, rampantes, charnues ou fibreuses, ils contiennent les réserves nécessaires à la pérennité de la plante. Les Iris rhizomateux forment le sous-genre Iris ou le genre Iris suivant les auteurs (c'est celui qui regroupe le plus d'espèces susceptibles d'agrémenter nos jardins).

Ensemble de feuilles fixées sur un plateau (tige courte et aplatie) ou feuilles chargées de réserves (dépourvues de chlorophylle), ces bulbes sont prolongés de racines fines et caduques (*Iris xiphium* et *reticulata*) ou charnues et persistantes (sous-genre *Scorpiris*).

Les bulbes

Une exception : le sous-genre *Nepalensis* (constitué d'une seule espèce), qui n'a ni rhizome, ni bulbe mais des racines charnues et persistantes rappelant une petite « griffe » d'Hémérocalle.

LES PARTIES AÉRIENNES

Issues du bourgeon porté par l'appareil souterrain, les feuilles, aplaties latéralement, ont la particularité d'être équitantes (c'est-à-dire se chevauchant). La hampe florale naît en leur centre à diverses époques suivant les espèces. Elles jouent bien sûr un rôle dans la constitution des réserves et, suivant les espèces et les situations géographiques, sont plus ou moins persistantes (à ce sujet, on peut remarquer que les variétés à feuillage « persistant » subissent des dégâts marqués lors de fortes gelées).

Les feuilles

I. LAEVIGATA

◁ I. UNGUICULARIS

43

ORGANES SOUTERRAINS D'IRIS

Rhizomes charnus d'*I. germanica*

Rhizome allongé *d'I. spuria*

Rhizomes d'*I. regelia*

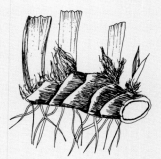

Rhizome d'*I. pseudocorus*

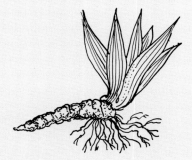

Rhizome stolonifère d'*I. cristata*

Racines charnues d'*I. nepalensis*

Bulbe et racines charnues
de *Juno scorpiris*

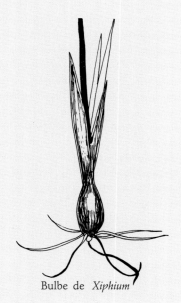

Bulbe de *Xiphium*

Bulbe d'*Iridodictyum reticulatum*

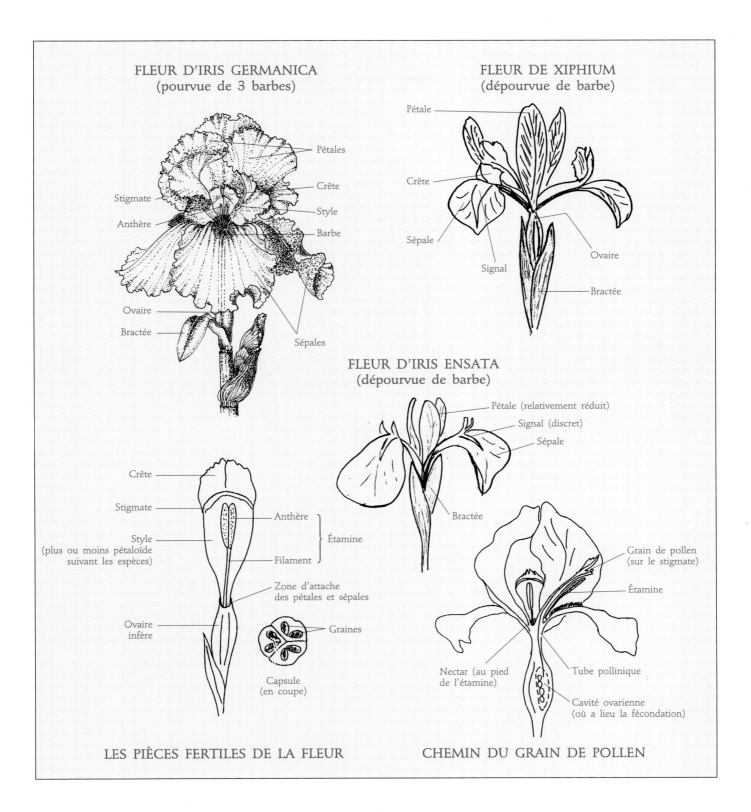

FLEUR D'IRIS GERMANICA
(pourvue de 3 barbes)

Pétales

Crête

Stigmate

Style

Anthère

Barbe

Ovaire

Bractée

Sépales

FLEUR DE XIPHIUM
(dépourvue de barbe)

Pétale

Crête

Sépale

Signal

Ovaire

Bractée

FLEUR D'IRIS ENSATA
(dépourvue de barbe)

Pétale (relativement réduit)

Signal (discret)

Sépale

Bractée

Crête

Stigmate

Style
(plus ou moins pétaloïde
suivant les espèces)

Anthère

Filament

Étamine

Zone d'attache
des pétales et sépales

Ovaire
infère

Graines

Capsule
(en coupe)

Grain de pollen
(sur le stigmate)

Étamine

Nectar (au pied
de l'étamine)

Tube pollinique

Cavité ovarienne
(où a lieu la fécondation)

LES PIÈCES FERTILES DE LA FLEUR

CHEMIN DU GRAIN DE POLLEN

45

Les fleurs   Bien que de teintes et de formes multiples, elles sont toutes construites de la même façon, les pièces les constituant étant toujours par trois. La fleur d'*Iris germanica* est celle choisie pour représenter le Genre (planche p. 49).

Chaque fleur est située sur la hampe florale à l'aisselle de la bractée (type de feuille) et d'une ou deux préfeuilles qui constituent la spathe. Comme de nombreuses fleurs, celle de l'Iris est hermaphrodite : les organes sexuels (pollen et ovaires) sont présents sur la même fleur.

• **Le périanthe** = 3 sépales + 3 pétales (+ 3 barbes portées par les sépales). Les sépales sont externes par rapport aux pétales et retombants. Dans la plupart des cas, les pétales sont dressés et au nombre de 3 ; cependant, chez certains *I. ensata* (ou Iris du Japon), on peut aller jusqu'à 13 pétales plus ou moins horizontaux (3 « normaux » + 10 surnuméraires dérivés des étamines et des styles).

Si nous avons mis « 3 barbes » entre parenthèses, c'est qu'elles ne sont pas présentes sur tous les types d'Iris. Ainsi, presque tous les bulbeux en sont dépourvus ; comme nous le verrons dans la partie réservée au passionnant travail qu'est l'hybridation, elles constituent un élément décoratif de la fleur et peut-être même un signe attractif pour les abeilles (en effet, la nature ne développe que rarement des constructions inutiles ; or le but de la fleur est avant tout la formation de graines nécessaires à la survie de l'espèce).

• **Les pièces fertiles** = 3 étamines + 1 pistil à 3 styles pétaloïdes. Disposée face aux sépales et sous le style, l'étamine, organe mâle, libère le grain de pollen. On peut souligner que la disposition de l'anthère, très souvent plus courte que le style, et le fait que le pollen est libéré à la face interne de l'étamine (tournée vers le sépale et non vers le stigmate), ne prédisposent pas la fleur à une autofécondation : ainsi faut-il un intervenant : l'homme ou l'abeille !

La partie femelle, à savoir le pistil, comprend : 3 carpelles soudés et fermés formant l'ovaire, situé en dessous des pièces florales (= ovaire infère) et 3 styles dits pétaloïdes, qui recouvrent les étamines et se terminent par les stigmates ; c'est à leur niveau qu'adhère le grain de pollen.

• **Le mécanisme de la pollinisation naturelle.** Le vent peut jouer un rôle mais la pollinisation est surtout le fait d'insectes du type bourdons. Attiré par les couleurs de la fleur, l'insecte se pose sur le sépale au niveau de la barbe et pénètre ensuite en son cœur pour recueillir le nectar secrété par une glande située à la base de l'étamine. Le dos velu de l'insecte se couvre alors du pollen de l'anthère déhiscente. Lorsque notre insecte ressort, la languette stigmatique s'ouvre mais là, seule sa face stérile est touchée par l'insecte. C'est en se posant sur une autre fleur, à la recherche du nectar, et en faisant basculer le languette stigmatique dans l'autre sens (fertile) que les grains de pollen sont déposés. On parle donc à ce moment-là de fécondation croisée, à condition que le diptère ne visite pas seulement des fleurs d'un même cultivar : tout dépend de ses goûts en matière de couleurs !

Lorsqu'il hybride, l'amateur ou l'horticulteur dépose adroitement le pollen sur le stigmate, reproduisant ainsi la démarche du bourdon.

• **Le grain de pollen,** voyageur, germe et emprunte ensuite le tube pollinique dans le style pour rejoindre la cavité ovarienne où il libère deux gamètes mâles qui assurent la fécondation de l'ovule. Fécondé, l'ovule se transforme en graine (chemin du grain de pollen : dessin p. 45).

Du fait du grand nombre d'espèces d'Iris, fruits et graines sont très divers. **Les fruits et les graines**
Le pouvoir germinatif peut se conserver 7 à 18 ans suivant les espèces. Lorsque
les fruits s'ouvrent, les graines tombent sur le sol, certaines germant assez vite,
d'autres rentrant en état de dormance (= repos physiologique). Certaines expériences
ont montré qu'il était possible, et intéressant pour le créateur de nouveaux cultivars,
de lever cette inhibition. Sauf dans le cas de l'*Iris foetidissima*, la fructification ne
présente pas de caractère décoratif.

Retenons de cette étude que c'est à partir du type d'organe souterrain et de la
présence ou de l'absence de la barbe que s'effectue la classification.

Classification

Elle est toujours controversée et il est donc fort probable que celle présentée
sera un jour invalidée. Près de 300 espèces d'Iris, suivant les auteurs, ont été recensées
à ce jour, ce qui donne donc une petite idée de la richesse de ce genre.

Si nous nous situons dans le règne végétal, la famille des Iridacées appartient
aux Liliales (23 familles) et regroupe environ 1 700 espèces divisées en Isophysoïdées
(1 espèce ovaire supère), Nivenioïdées (6 genres dont 3 arbustifs), Ixioïdées et
Iridoïdées, ces derniers incluant les Iris (classification de P. Goldblatt, 1990).

QUELLE CLASSIFICATION CHOISIR ET POURQUOI ?

Nous aurions pu présenter plusieurs classifications, mais c'était courir le risque
d'embrouiller les esprits. Celle choisie est donc due au professeur Rodionenko
(Leningrad, 1961) que nous avons retenue pour trois raisons : son élaboration
récente, son organisation et ses bases scientifiques fondées sur une expérimentation
réelle et non sur une comparaison des différentes classifications préexistantes (il
faut préciser que le professeur Rodionenko a pu travailler dans des conditions
propices puisqu'à l'époque, les problèmes du démantèlement du bloc soviétique
n'existaient pas).

Afin de bien comprendre cette classification, voici un exemple expliquant le mode
de déclinaison hiérarchique d'une plante :

Genre	Sous-genre	Section	Sous-section	Séries
IRIS	I. LIMNIRIS	1. Limniris	*a. Apogon*	SIBIRICAE

Voyons maintenant, en nous appuyant sur le tableau de la classification, les
différents Iris (nous en omettrons certains, cent pages ne suffiraient pas à les citer
tous).

CLASSIFICATION DES IRIS
selon le Professeur Rodionenko

Genre	Sous-genre	Section	Sous-section	Séries
IRIS	I. LIMNIRIS	1. Limniris	a. Apogon	SIBIRICAE PRISMATICAE LAEVIGATAE CHINENSES CALIFORNICAE HEXAGONAE LONGIPETALAE TRIPETALAE VERNAE
			b. Ensatae	ENSATAE
			c. Tenuifoliae	TENUIFOLIAE VENTRICOSAE
			d. Syriacae	SYRIACAE
		2. Unguicularis	Unguicularis	UNGUICULARIS
		3. Ioniris		RUTHENICAE
	II. XYRIDION	1. Xyridion		SPURIAE GRAMINAE
		2. Spathula		
	III. NEPALENSIS			
	IV. PARDANTHOPSIS			
	V. CROSSIRIS	1. Crossiris		JAPONICAE TECTORES
		2. Lophiris		CRISTATAE
		3. Monospatha		
	VI. IRIS	1. Iris		PUMILAE ELATAE
		2. Hexapogon	a. Regelia	
			b. Pseudoregelia	
			c. Oncocyclus	
			d. Psammiris	
XIPHIUM				
IRIDODICTYUM		1. Iridodictyum 2. Monolepis		
GYNANDRIRIS				
JUNO SCORPIRIS		1. Juno		
		2. Physocaulon		DREPHANOPHYLLAE ROSENBACHIANAE
		3. Acanthospora		

Iris. *Iris*.

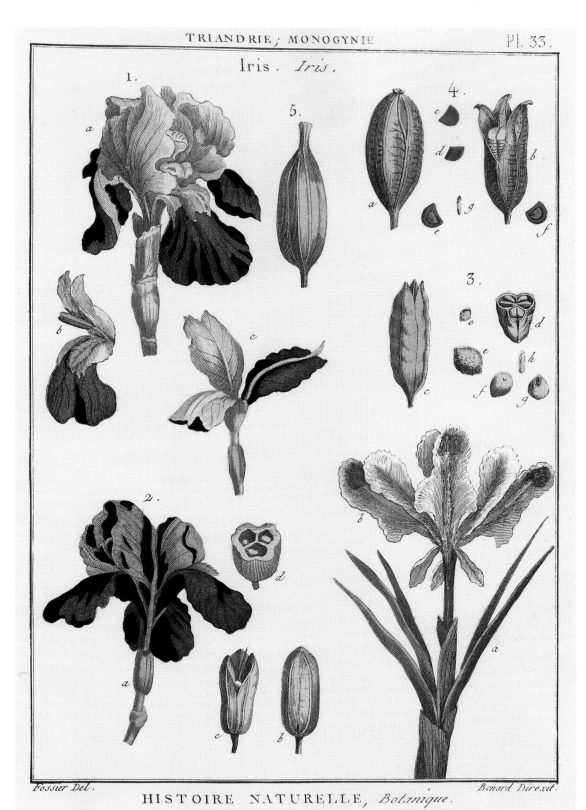

HISTOIRE NATURELLE, *Botanique*.

Détails de la fleur et des fruits de l'Iris germanica
(extrait de La Flore de Lamark, éditions Alzieu)

Limniris
Apogon (Iris dépourvus de barbe)

SÉRIE SIBIRICAE

──────── Sibiricae ────────

Espèces (2 n = 28 chromosomes) :
I. sanguinea, I. sibirica, I. phragmitetorum, I. typholia.

Les plus connus de ces Iris sont I. sibirica et I. sanguinea, ce sont eux qui ont donné naissance à la très grande majorité des Iris de Sibérie que nous connaissons aujourd'hui.

L'Iris sibirica est une plante très répandue originaire d'Allemagne (Lac de Constance, Hanovre...), de Tchécoslovaquie et de la région des Balkans mais aussi de Russie (environs de Leningrad). A l'état sauvage, on le trouve poussant dans des prairies humides.

L'Iris sanguinea provient, lui, de Sibérie, de Chine, de Corée et du Japon. La disctinction entre les deux espèces est d'autant plus difficile qu'ils s'hybrident mutuellement naturellement.

Leurs différences sont les suivantes :
I. sibirica : fleurs nettement au-dessus du feuillage, tiges branchues, spathes vertes, fruits allongés.
I. sanguinea : fleurs à même hauteur que le feuillage, pas de branchement, spathes teintées de rouge pourpre, fruits plutôt ronds.

Traits caractéristiques des Sibiricae :
- rhizomes : fins, durs et noueux desquels partent des racines assez fibreuses ;
- feuillage : mince, dressé ou légèrement arqué, il reste vert après la floraison et forme des touffes importantes avec l'âge ;
- époque de floraison : les plus précoces des diploïdes fleurissent en même temps que les grands Iris barbus mais la plupart commence à fleurir à l'apogée des grands Iris ;

I. SANGUINEA

- hauteur des hampes : 60 à 120 cm, 15 à 45 cm pour les plus courtes ;
- taille des fleurs : diamètre, en général, de 9 à 13 cm ; 7 pour les espèces les plus petites ;
- forme des fleurs : les espèces ainsi que les vieux cultivars ont des sépales plutôt pendants. La tendance actuelle est d'obtenir des sépales plus horizontaux, ondulés et ronds, de ferme substance. Que préférer : les formes anciennes légères et animées par la moindre brise ou celles actuelles plus impressionnantes mais plus rigides ?
- couleur : tous les intermédiaires entre le blanc, le bleu pâle et le violet foncé ou le pourpre existent. Une approche d'un vrai rouge voit le jour, de même pour le rose et les associations de blanc et de jaune (Amoena) ;
- nombre de chromosomes : 2 n = 28 ou 2 n = 40 (= diploïdes). En utilisant la colchicine (Mc Ewen, 1966), on a créé des Iris de Sibérie tétraploïdes présentant un feuillage plus dressé d'un vert plus sombre avec des fleurs d'environ 15 cm de diamètre aux couleurs plus riches et de substance plus forte ;
- la culture, les soins, la diversité variétale de cet intéressant groupe se-

ront largement développés dans le chapitre consacré aux « autres Iris pour nos jardins ».

──────── Chrysographes ────────

Espèces (2 n = 40 chromosomes) :
I. bulleyana, I. chrysographes, I. clarkei, I. delavayi, I. dykesii, I. forrestii, I. wilsonii.

Il se peut qu'aujourd'hui existent encore des espèces non identifiées dans certaines régions de Chine et dans des pays voisins. Bien que ce groupe soit divisé en 8 espèces, le cas de I. bulleyana, I. dikesii et I. phragmitetorum pose un problème. En effet, ces 3 Iris pourraient très bien être des hybrides et non des espèces ou encore des formes atypiques d'autres espèces, bien que chinois I. phragmitetorum serait à 2 n = 28 chromosomes et n'appartiendrait pas au groupe chrysographes.

Il est intéressant de signaler I. forrestii (originaire de la Province du Yunan, fleurs jaune beurre) et I. wilsonii (Chine occidentale, Tibet) fleurs jaune pâle veinées de pourpre clair qui de par leur coloris et leur possibilité de croisement avec les Sibiricae pourraient donner naissance à un Iris de Sibérie jaune.

I. CHRYSOGRAPHES

SÉRIE LAEVIGATAE

Espèces : *I. ensata (ex. I. kaempferi), I. laevigata, I. pseudacorus, I. versicolor, I. virginica, I. maackii.*

Ces espèces sont très répandues dans l'hémisphère Nord, de l'Amérique du Nord à l'Asie orientale en passant par l'Europe ; elles résistent parfaitement sous des climats très froids et poussent dans des sols humides, de préférence acides.

I. ENSATA

• *L'Iris ensata (ou « Iris du Japon »)* – Fleur nationale au Japon, sa culture y est aussi développée que celles des grands Iris barbus aux États-Unis. Il suffit d'avoir admiré un jour leurs fleurs qui semblent flotter dans l'air et leurs multiples associations de teintes pour le comprendre. Sa forme originelle est très loin des hybrides actuels aux larges pièces florales. Une couleur manque à ces Iris : le jaune ; des croisements ont été faits avec une forme tétraploïde de l'*Iris Pseudacorus (pseudacorus donau)* pour l'obtenir.

• *L'Iris laevigata* – Particulièrement rustique et résistant aux plus fortes gelées (Iris le plus rustique avec l'*Iris setosa* rencontré au-delà du cercle polaire), on le trouve aux abords du Lac Baïkal, mais aussi en Chine, au Japon et en Corée. Plus encore que l'Iris ensata, un environnement humide lui

I. LAEVIGATA

est nécessaire. Par ailleurs, il peut rester immergé toute l'année (sans dépasser 15 cm de profondeur). Les amateurs de jardins aquatiques devraient absolument posséder cet Iris très attirant. Attention, il s'agit de plantes calcifuges.

• *L'Iris maackii* – De l'extrême Est asiatique, il ressemble en plus petit à *I. pseudacorus.*

• *L'Iris pseudacorus* – C'est l'Iris des marais bien connu dans nos contrées européennes, sans doute à l'origine de la « fleur de lys ». Notez que cette plante de marécage, de culture très facile, se développe aussi très bien en situation sèche, où elle fleurit parfois plus abondamment.

I. PSEUDACORUS BASTARDII

• *L'Iris versicolor* – Originaire des régions nord-orientales des États-Unis (Virginie, Ohio, la région des grands lacs,

sud-est du Canada), c'est en quelque sorte le cousin de nos Pseudacorus en ce qui concerne ses exigences. Il se pourrait que le *versicolor* soit un hybride naturel fixé de *virginica* et *setosa.*

I. VERSICOLOR

• *L'Iris virginica* – On le trouve sur les côtes de Floride, de Caroline, de Géorgie, de Virginie et de Louisiane. Malgré ce, il est aussi rustique en climat froid.

I. VIRGINICA SHREVEL

Cet Iris se développe dans la nature, dans des sols très acides et humides, il y a donc lieu de reproduire au jardin ces conditions.

I. Versicolor et *I. Virginica* sont assez proches l'un de l'autre, on les distingue par la dimension de leurs pétales par rapport aux sépales et la capsule plus allongée chez virginica renfermant des graines plus grosses (photos p. 51).

Les hybridations au sein des Laevigatae sont facilement réalisables et intéressantes, cependant celles faites entre *I. pseudacorus* et *I. versicolor* ou *I. virginica* n'ont encore rien donné de vraiment attractif pour le jardin.

SÉRIE CHINENSES

Espèces : *I. henryi, I. koreana, I. minutoaurea, I. adaesanensis, I. rossii, I. speculatrix*.

En provenance de Chine, Corée et Mandchourie, ces espèces ne s'adaptent pas toutes aux climats continentaux, notamment celles du sud de la Chine. Elles sont plutôt rares dans nos jardins car relativement récemment découvertes. Pour les passionnés, un livre les concernant mérite d'être cité ici : *Iris of China* (James W. Waddick et Zhao Yu-Tang/Timber press).

L'*Iris minutoaurea* est l'un des mieux connus, il se développe bien en climat continental à saisonnalité marquée et est intéressant pour des jardins de rocailles bien drainés et exposés en plein soleil. Il s'agit d'une plante minuscule, les fleurs, sans doute parmi les plus petites de toutes les espèces cultivées, aux pétales jaunes marqués de brun, s'épanouissent au milieu de feuilles ne dépassant pas 10 cm de haut à ce moment.

L'*Iris speculatrix* est l'un des plus difficiles à cultiver, donc réservé aux collectionneurs.

SÉRIE CALIFORNICAE

Espèces : *I. bracteata, I. chrysophylla, I. douglasiana, I. fernaldii, I. hartwegii, I. innominata, I. macrosiphon, I. munzii, I. purdyi, I. tenax, I. tenuissima*.

Plus connus sous le nom de « Pacific Coast Iris » ou « Pacific Coast Hybrids » (Iris hybrides de la Côte Pacifique), ils sont particulièrement plaisants mais ont le désavantage de n'être pas bien

I. PACIFIC COAST HYBRIDS

rustiques en climat continental ; de plus, ils sont calcifuges sauf *douglasiana*.

Cependant, des croisements avec le groupe des Sibirica (à 40 chromosomes) ont été faits pour obtenir des hybrides plus résistants au froid (on les appelle Calsibes). C'est sans doute une voie intéressante pour le développement de ces plantes dans nos pays européens.

Ces Iris se développent depuis la région de Los Angeles (*Iris hartwegii*, var. Australis, Montagnes de San Bernardino) jusqu'à l'État de Washington (*I. tenax*). Pour la plupart, ce sont des espèces de petite taille à rhizome court portant des racines fines et dures. Leur feuillage est étroit et ferme. Hormis le cas de l'*I. douglasiana*, la hampe ne comporte pas de ramifications et porte de une à deux fleurs.

I. TENAX

Si vous découvrez un jour ces Iris, il se peut, compte tenu de leur beauté, que vous soyez tenté de les cultiver. La clé de la réussite se situe au niveau du sol, qui doit absolument être très drainé, neutre à légèrement acide, non compact et correctement pourvu en humus. Un autre problème vient de la différence entre le climat continental et le climat de leurs régions d'origine : les périodes sèches estivales sont nettement plus longues en Oregon (3 mois) et en Californie (6 mois) que chez nous. Par contre, les chutes de pluie de l'automne atteignent jusqu'à deux fois en volume ce que nous recevons. Le climat anglais convient bien à la culture des hybrides pacifiques (notamment ceux de *I. douglasiana* et *I. innominata*).

I. MUNZII

C'est d'ailleurs en Angleterre que l'on rencontre des créateurs de variétés de ces Iris (MRS BRUMMIT, ALEX BACK, HUMPHREY...). Bien entendu, les espèces de l'Oregon ou de l'État de Washington sont les plus recommandées pour nos climats. Il y a lieu de planter les « Pacific coast » en situation très ensoleillée sauf dans les régions chaudes (bordure méditerranéenne) où un demi-ombrage est utile. En fait, ils se plaisent bien dans les milieux que l'on affecte aux Rhododendrons (sol acide et léger).

Intéressants pour les bouquets mais aussi comme plantes à massifs, ces Iris sont promis à un bel avenir, d'autant plus que leur nombre de chromosomes (2 n = 40) permet des hybridations avec le groupe des Chrysographes.

SÉRIE HEXAGONAE

Espèces : *I. brevicaulis, I. fulva, I. giganti-caerulea, I. hexagona, I. nelsonii.*

I. NELSONII

Les Louisiana, ou Iris de Louisiane, proviennent de l'hybridation de ces espèces et sont comme les « Pacific coast » de merveilleuses plantes de jardin (voir plus loin). Leur région d'origine se situe au sud des États-Unis (côte de Floride, vallée du Mississippi jusqu'à l'embouchure de l'Ohio). Les besoins de chaque espèce diffèrent du fait de leur localisation d'origine. Par ailleurs, nombre d'hybrides de Louisiana craignent le gel ; malgré ce, grâce aux travaux d'hybridation (notamment ceux du Dr Tamberg), nous devrions sous peu bénéficier de variétés parfaitement résistantes aux froids hivernaux.

L'*I. brevicaulis* (encore appelé *I. foliosa*), qui pousse dans le bassin du Mississippi sur des prairies humides, est la seule espèce vraiment rustique. On peut parfaitement la cultiver chez nous, à condition de lui offrir un sol humide surtout durant sa floraison (pH neutre ou légèrement acide, tolère une certaine

I. BREVICAULIS

alcalinité). Les fleurs entre pourpre bleuté et bleu violet léger sont attractives et portées par de très courtes tiges. L'*I. fulva* est aussi assez rustique.

I. FULVA

SÉRIE LONGIPETALAE

Espèce : *I. missouriensis.*

Voici encore une espèce originaire d'Amérique du Nord. On la situe dans treize États de l'Ouest des États-Unis et en Colombie britannique (Canada). Ce sont des Iris très rustiques aimant les sols calcaires, humides durant la saison de pousse. Des croisements entre

ces Iris des montagnes rocheuses et les Pacific Coast ont été réalisés avec succès.

SÉRIE TRIPETALAE

Espèces : *I. setosa, I. tridentata.*

Ils diffèrent de tous les autres Iris rhizomateux par leurs fleurs présentant des pétales réduits à de simples nervures, ils aiment particulièrement les lieux humides.

I. SETOSA HONDOENSIS

I. setosa est intéressant par ses localisations, à la fois sur le continent américain et en Asie, ce qui semblerait indiquer une migration de l'espèce par le pôle puisqu'on le retrouve depuis le nord du Japon et le Kamchatka jusqu'aux régions nord-est des États-Unis.

De tous les Iris, c'est le plus résistant au froid. Il se plaît dans des sols acides, relativement frais (surtout au printemps) et s'installe soit en septembre soit en mars. Sa floraison se situe vers la fin mai et dure jusqu'à mi-juin. Il en existe quelques sous-espèces dont la plus petite est *I. artica* (utilisable en rocailles) et la plus haute, *I. setosa* var. nasuensis qui peut atteindre 1 mètre.

Simonet en France, Foster en Angleterre et Eckhard en Allemagne ont réalisé des croisements de *I. setosa* avec *I. sibirica, I. tenax, I. sanguinea* et même *I. ensata.*

SÉRIE VERNAE

Une seule espèce : *I. verna*, qui ressemble à un *Iris pumila* privé de barbe. Du fait de besoins difficiles à reproduire au jardin, il n'est pas très répandu.

Limniris
Ensatae

Une seule espèce : *I. lactea*, présente en Afghanistan, Sibérie, Chine, Himalaya. Originaire des steppes, c'est une plante très facile à cultiver et qui par son système racinaire profond s'accommode aussi bien de sols humides que de sols argileux à tendance sèche. Les fleurs de taille réduite, lavande pâle à soutenu, ou blanches, sont dissimulées dans un feuillage très développé qui constitue le seul élément décoratif de cet Iris.

Limniris
Tenuifoliae

SÉRIE TENUIFOLIAE ET VENTRICOSAE

Ces espèces originaires d'Asie (Kazakstan, Pamir, Sibérie, Chine, Mongo-

I. TENUIFOLIA

lie, Turkestan) sont des plantes de steppes à faible intérêt ornemental.

Limniris
Syriacae

SÉRIE SYRIACAE

Représentée par l'*I. grant-duffii* en Syrie, Israël et Turquie. Très peu cultivé, les fleurs sont jaunes, plus rarement violettes et portées par de courtes hampes de 15 à 25 cm. Son appareil souterrain original en ferait le lien entre les Iris bulbeux et les Iris rhizomateux.

Unguicularis

SÉRIE UNGUICULARIS

Espèces : *I. cretensis, I. lazica, I. unguicularis* (les deux premières sont considérées comme des formes d'*I. unguicularis*).

Ces Iris proviennent surtout du bassin occidental de la Méditerranée (Espagne, Algérie, Grèce, Crète), mais il en existe aussi dans le Caucase et en Turquie. La fleur (sans barbe) est formée par un tube très long (17 à 20 cm) ressemblant à une hampe et, en fait, l'ovaire est situé au niveau du sol ; c'est là une des originalités de ces Iris.

Laissons de côté *I. lazica* et *I. cretensis*, moins intéressantes que *I. unguicularis* (ou Iris de l'hiver, ou Iris d'Alger ou Iris Stylosa) : cet Iris d'Alger présente le grand intérêt d'une floraison parfumée et hivernale (en fait de mi-novembre à mi-mars). Les fleurs relativement éphémères se renouvellent pendant presque quatre mois. Le feuillage élancé, abondant, est persistant. Seul défaut : un manque de résistance au froid. Il faut donc l'installer dans des endroits protégés ou lui fournir une couverture hivernale ; il lui arrive même ainsi de fleurir à travers une couche de neige. L'été il a besoin de chaleur et de sécheresse. Il aime les sols calcaires et bien drainés et présente plusieurs va-

riétés : MARY BARNARD (forme actuelle issue d'Algérie), ALBA (blanche), WINTER'S TREASURE (blanche), MISS ELLIS (violet foncé)...

I. UNGUICULARIS

Ces cultivars sont surtout présents dans les catalogues d'horticulteurs anglais.

Ioniris

SÉRIE RUTHENICAE

Espèces : *I. ruthenica, I. uniflora*.

Leur habitat s'étend de l'est des Carpathes jusqu'à l'océan Pacifique en traversant l'Asie. Ce sont des Iris très rustiques, qui ne craignent pas les fortes gelées et supportent aussi bien la sécheresse que de longues périodes humides ; de plus, bien que préférant un sol lourd humifère, ils poussent aussi dans des terrains rocailleux et doivent être exposés en plein soleil. *I. uniflora* est la plus jolie des deux espèces, de petite taille (10 cm en floraison), c'est une plante intéressante pour les bordures.

ROYAL CRUSADER

J. FARVACQUES. 95. ©

Xyridion

Ce sont les Iris appelés Spuria. Les deux séries (Spuriae et Graminae) sont encore connues sous le nom de Grands Spuria et Spuria nains ; on trouve les premiers en Espagne, en France, sur la Côte Est de l'Angleterre, dans quelques coins d'Allemagne, en Afrique du Nord, dans les Balkans, le Caucase, en Turquie, en Iran, en Afghanistan et en Chine ; les seconds ne sont pas aussi répandus (France, Bavière, Tchécoslovaquie, région des Balkans, Caucase).

Ces Iris, de bonne valeur décorative, sont faciles à cultiver. De nombreux hybrides ont d'ailleurs été réalisés.

Il existe entre les fleurs des Spuria et celles des Iris bulbeux une certaine ressemblance ; de plus, comme les Xiphium, leurs fleurs produisent des gouttes de nectar sur le périanthe et les spathes. Les espèces de la série Spuriae sont divisées en deux groupes (*I. orientalis* + *I. crocea*, et les autres).

SÉRIE SPURIAE

Espèces : *I. carthalinae, I. crocea (I. aurea), I. demetrii, I. halophila, I. klattii, I. monnierii, I. musulmanica, I. notha, I. orientalis (I. ochroleuca), I. sogdiana, I. spuria, I. xanthospuria.*

I. OCHROLEUCA (= ORIENTALIS)

• *I. orientalis* (synonyme : *I. ochroleuca* / 2 n = 40 chromosomes) – Il vit en Asie Mineure et Syrie dans des zones humides l'hiver et desséchées l'été. Plusieurs variétés existent, dont *I. ochroleuca* var. *gigantea,* que l'on rencontre dans de nombreux jardins et qui possède une tige florale atteignant 1,50 m.

• *I. crocea* (synonyme : *I. aurea* / 2 n = 40 chromosomes) – On le trouve au Cachemire, et l'on pense qu'il a été introduit dans cette région mais n'en est pas natif. Les fleurs de 12 cm de diamètre sont jaunes et portées par des hampes de 0,85 m à 1,20 m, les feuilles en forme de sabre sont dressées et rigides et légèrement moins hautes que les tiges. Moins facile à cultiver qu'*I. orientalis* et plus long à fleurir après plantation ; il est cependant d'une grande beauté.

• *I. halophila* (2 n = 44 chromosomes) possède des fleurs de coloris allant de l'écru au lavande en passant par des jaunes grisâtres ; des formes blanches existent.

• *I. carthalinae* (2 n = 44 chromosomes) est plutôt bleu et veiné ; une forme blanche, assez rare, existe.

• *I. maritima, I. klattii* et *I. demetrii* (2 n = 38 chromosomes) donnent des fleurs violet profond.

Les 5 espèces que nous venons de citer ont été utilisées avec celles du groupe à 40 chromosomes pour créer nos hybrides actuels.

SÉRIE GRAMINEAE

Espèces : *I. brandzae, I. colchica, I. farreri, I. graminea, I. kerneriana, I. ludwigii, I. pontica, I. pseudocyperus, I. sintenisii, I. urumovii.*

Toutes ces espèces constituent les Spurias nains, la hauteur des hampes

I. GRAMINEA

florales ne dépassant pas 45 cm pour le plus grand.

• *I. graminea* est très répandu géographiquement et présente beaucoup de formes. Celles de l'Europe Centrale (sud du Tyrol, sud de la Bavière, Silésie, Moravie, Suisse etc.) ont un feuillage fin,

I. KERNERIANA

ressemblant à celui des graminées, et une tige aplatie portant deux boutons. La hauteur varie de 20 à 45 cm et la couleur du bleu violet au pourpre. La plupart du temps, les fleurs sont cachées par le feuillage, mais offrent un doux parfum fruité ; d'autre part, les touffes bien établies constituent par leur seul feuillage un élément décoratif. La floraison a lieu en juin et parfois en septembre, à condition de leur fournir un emplacement très ensoleillé et un sol légèrement acide à neutre (tolère malgré tout le calcaire).

• *I. sintenisii* est de toute cette série le plus intéressant pour le jardin, de par son feuillage persistant, sa floraison généreuse et la disposition de ses fleurs bien émergeantes du feuillage, mais aussi son intérêt pour la composition florale dans de petits vases. La tige arrondie porte deux fleurs aux sépales blancs largement veinés de bleu-violet et aux pétales bleu-violet sombre. Il aime un sol dense, calcaire, et une exposition ensoleillée à partiellement ombragée. La floraison a lieu aux alentours de la mi-juin (*I. brandzae* et *I. urumovii* sont maintenant considérés comme des formes de *I. sintenisii*).

I. SINTENISII

Spathula

Elle est représentée par l'*Iris foetidissima*, qui se développe dans les pays méditerranéens (Italie du Nord, Yougoslavie), en Europe occidentale et en Afrique du Nord. Lorsque l'on pince les feuilles et les tiges, il se libère une odeur relativement forte (d'où son nom latin). C'est un des rares Iris à fleurir à l'ombre ; il faut lui offrir un sol riche en humus, humide et une protection hivernale dans les climats rudes. La fleur ne présente que peu d'intérêt ; par contre, ses fructifications rouge-orangé sont très ornementales (en Angleterre, on l'appelle « Coral Iris »). La forme à feuillage panaché blanc et vert (Variegata) est intéressante mais plus lente à se développer.

I. FOETIDISSIMA

I. PSEUDACORUS

IRIS
NEPALENSIS

C'est l'exception du genre Iris : ses organes souterrains ne sont ni un rhizome, ni un bulbe mais ressemblent à une griffe d'hémérocalle. On rencontre ces Iris dans l'Himalaya, surtout dans les montagnes du Népal, à des altitudes variant entre 1 500 et 2 000 m (des spécimens ont été trouvés jusqu'à plus de 4 000 m). De multiplication délicate, offrant une fleur éphémère, leur culture est réservée aux collectionneurs (espèces : *I. collettii, I. nepalensis, I. staintonii*).

IRIS
PARDANTHOPSIS

Une seule espèce, *I. dichotoma*, ayant la particularité de ne rester en vie qu'une année (ou peut être vivace mais ne fleurit que l'année du semis).

IRIS
CROSSIRIS

Ces Iris, autrefois nommés Evansia, ont la particularité de développer sur leurs sépales une sorte de crête.

Crossiris

SÉRIE JAPONICAE

Espèces : *I. japonica* (originaire du Japon et de Chine centrale), *I. wattii* (originaire du sud-ouest de la Chine), *I. confusa* (provinces du Sichuan et du Yunnan), *I. formosana* (Formose).

I. SPECULATRIX

Ce sont des Iris délicats à cultiver car très peu résistants aux hivers de nos régions ; il est donc préférable de les cultiver en pots, ou bien de les sortir de terre à l'automne pour les installer à l'intérieur dans un milieu tourbeux légèrement humide. Cependant, ils sont suffisamment beaux et attirants pour tenter leur culture.

• *I. confusa* (*I. formosana* et *I. wattii* en sont proches) est une plante à feuillage permanent qu'il faut absolument maintenir pour assurer la floraison. Des rhizomes partent de fortes tiges encerclées par le feuillage à partir de 30 cm

I. WATTII

à 40 cm du sol (un peu comme les bambous), les feuilles d'un vert moyen atteignent 40 cm en longueur et 5 cm en largeur. Les fleurs de petite taille sont blanc lilacé ornées d'une crête jaune et s'épanouissent vers la mi-juin.

• *I. japonica* a lui aussi un feuillage permanent très développé (60 cm de long), vert foncé disposé en éventail. La hampe florale peut porter jusqu'à 30 boutons et la floraison durer ainsi quatre semaines. La période de floraison se situant de mai à début juin. La fleur à allure d'orchidée est blanc bleuté à crête jaune et mesure de l'ordre de 5 cm de diamètre. Les hybrides de Ledger ont

I. JAPONICA

l'avantage d'une meilleure rusticité par rapport à l'espèce. Il en existe aussi une forme à feuillage panaché.

SÉRIE TECTORES

Espèces : *I. milesii*, *I. tectorum*.

• *I. milesii* (originaire des contrées himalayennes et du sud-ouest de la Chine) – Relativement rustique à feuillage non persistant, on l'appelle aussi « l'Iris à fleur rouge » du fait d'une coloration pourpre rouge. Les rhizomes sont de forte taille et juste au ras du sol. La floraison est longue et généreuse (hampes de 60 cm).

I. MILESII

• *I. tectorum* (originaire de Chine et répandu au Japon) – Il est très courant en Chine où il est simplement connu comme étant « l'Iris » et s'adapte à de

I. TECTORUM

nombreux climats. Autrefois, il ornait même les toits de chaume. Les rhizomes sont fins, tendres et les feuilles vert pâle, caduques, présentent de fortes nervures. Les fleurs lilas (plus sombres sur les sépales) portent une crête blanche, les hampes sont peu branchues, mais les fleurs se succèdent à leur extrémité pratiquement à la période des grands Iris. La forme blanche à crête jaune est particulièrement jolie, et ce sont des plantes qui méritent une place au jardin. Seul point noir : l'appétit que les limaces en ont.

Enfin, l'*Iris tectorum* a été croisé avec un certain nombre d'Iris barbus (avec *I. pallida*, avec des Iris nains).

Lophiris

SÉRIE CRISTATAE

Espèces : *I. cristata, I. lacustris, I. tenuis.*

Ces trois espèces se trouvent en Amérique du Nord, les deux premières étant bien résistantes au froid.

I. CRISTATA

• *I. cristata* (sud-est et centre des États-Unis) – Iris nain (7 à 8 cm) dont les petits rhizomes forment tout un réseau sur le sol. La fleur est bleue et s'orne sur les sépales d'une crête orange entourée d'une plage blanche ; elle semble être pratiquement sur le sol.
• *I. lacustris* (région des Grands Lacs) – C'est le plus petit des Cristatae (3 à 4 cm). Il croît dans des sols sableux graveleux où rien ne pousse, mais aussi en forêt. Ordinairement bleu-violet à crête blanche et orange, il possède aussi une forme blanche.
• *I. tenuis* (nord-est de l'Oregon) – Plus haut que l'*I. cristata*, ces fleurs lui ressemblent mais sont portées par des tiges branchues (mesure 30 cm).

Monospatha

Représentée par une seule espèce : l'*Iris gracilipes*, que l'on trouve en Chine et au Japon.

IRIS
IRIS

Iris (ou Pogoniris)

Tous les Iris de ce groupe ont pour trait caractéristique de posséder sur le sépale une barbe (= Pogoniris). Ils ont tous aussi un rhizome charnu, superficiel, et préfèrent les endroits neutres à calcaires et bien drainés. Leur origine se situe autour du bassin méditerranéen. On les divise en deux séries : les Pumilae (Iris de petite taille ne dépassant pas 30 cm) et les Elatae (de hauteur supérieure). Les hybridations entre Pumilae et Elatae ont permis la création de nos Iris intermédiaires.

SÉRIE PUMILAE

Espèces : *I. alexeenkoi, I. attica, I. balkana, I. bosniaca, I. chamaeiris, I. griffithii,*

I. TAURICA

I. lutescens, I. pseudopumila, I. pumila, I. reichenbachii, I. scariosa, I. suaveolens, I. taurica, I. timofejewii.

• *Iris pumila* ($2 n = 32$) – Il occupe une très vaste zone géographique : Autriche, Tchécoslovaquie, Hongrie, Yougoslavie, Roumanie, Bulgarie, Ukraine, Crimée...

Du fait de cette répartition, on ne peut parler de lui comme d'une espèce simple mais plutôt comme d'un groupe d'espèces dans lequel taille et teinte des fleurs, longueur des feuilles, grosseur des fruits, forme et taille des rhizomes sont variables. Les caractères qui permettent de reconnaître *I. pumila* sont les suivants : hampe non branchue, tige florale très courte (de 0,5 à 10 cm), barbe épaisse, rhizomes trappus, tache ovale très nette sur les sépales (généralement violet-pourpré ou brune).

Les teintes rencontrées, le plus souvent, sont : le jaune, le rouge-pourpre, le bordeaux presque noir, le vrai bleu ; ces coloris de base peuvent être mélangés à d'autres, d'où de nombreuses variantes ; on rencontre aussi des spécimens veinés. La barbe est généralement blanc jaunâtre vers le cœur et plus colorée vers l'extérieur. De par leur petite taille, ce sont des plantes intéressantes pour les jardins de rocaille bien ensoleillés et au sol correctement drainé (attention aux plantes tapissantes qui peuvent les étouffer rapidement). L'*Iris pumila* est à la base des obtentions d'Iris nains, Iris lilliputs et Iris intermédiaires.

• *Iris pseudopumila* (2 n = 16) - On en distingue deux formes, originaires l'une de Sicile et l'autre de Calabre (sud de l'Italie). Il se distingue de l'*Iris pumila* par une tige florale bien individualisée

I. PSEUDOPUMILA

(ainsi la hauteur de l'Iris en fleur n'est pas déterminée seulement par le périanthe). Peu ou pas utilisé en hybridation du fait de ses sépales qui s'enroulent.

• *Iris attica* (2 n = 16) - Se distingue de *I. pumila* par sa barbe unicolore. Ses feuilles sont courtes et falciformes et sa hauteur n'excède pas 10 cm. Présent dans les montagnes du sud de la Grèce.

I. ATTICA

• *Iris lutescens* (2 n = 40) - C'est la plus grande (20-22 cm) et la plus tardive des espèces naines. Il se rencontre en Espagne, dans le sud de la France (montagne du Luc, près de Draguignan), au nord-ouest de l'Italie et en Suisse. Ses différences par rapport à *I. pumila* sont les suivantes : il est deux fois plus haut, fleurit deux semaines plus tard et son ovaire se situe toujours au sommet de la hampe (chez *I. pumila*, il est la plupart du temps juste au-dessus du rhizome). La palette des coloris est assez large (blanc, pourpre bleuté, rouge-pourpre, jaune pâle à moyen, bicolore) mais la forme des fleurs aux sépales enroulés n'est pas très attractive.

• *Iris suaveolens* - Bien présent dans les Balkans, c'est un Iris curieux et plaisant par ses fleurs rouge sombre fumé à barbe blanc bleuté. Il mesure 10 à 14 cm et porte deux fleurs par tige (parfois une seule). En fleurs deux semaines après *I. pumila*, il est très sensible à la pourriture du rhizome en région humide. Les feuilles sont nettement en forme de croissant et parfois bordées de rouge (variété « rubromarginata »).

• *Iris reichenbachii* (2 n = 24) - C'est un nain relativement haut puisqu'il mesure 18 à 27 cm et que ses feuilles sont assez longues (environ 30 cm) droites ou falciformes suivant les régions d'origine (Yougoslavie, Roumanie, Turquie). La fleur type est d'un jaune profond, mais d'autres coloris existent avec l'appari-

tion de teintes bleutées ou brunes sur les sépales. C'est un Iris très robuste, florifère et qui se multiplie extrêmement rapidement. On peut ainsi l'utiliser en rocailles avec des plantes tapissantes.

I. REICHENBACHII

SÉRIE ELATAE

Espèces : *I. albertii*, *I. albicans*, *I. aphylla*, *I. babadagica*, *I. belouinii*, *I. cengialtii*, *I. croatica*, *I. cypriana*, *I. illyrica*, *I. imbricata*, *I. juniona*, *I. kashmiriana*, *I. lepita*, *I. macrantha*, *I. mesopotamia*, *I. pallida*, *I. perrieri*, *I. reginae*, *I. rudskyi*, *I. schachtii*, *I. subbiflora*, *I. taochia*, *I. trojana*, *I. varbossiana*, *I. variegata* (*reginae* et *rudskyi* sont des formes de *variegata*).

En plus de ces 27 espèces existent d'anciens hybrides des Elatae qu'il est d'usage de classer également comme espèces : *I. bolietii*, *I. flavescens*, *I. florentina*, *I. germanica*, *I. kochii*, *I. sambucina*, *I. squalens* et *I. sweertii*.

Compte tenu de cette grande diversité des Elatae, nous n'aborderons ici que certaines espèces et ceci sous forme d'un tableau comparatif (p. 60)

• *Iris florentina* (synonyme : *I. germanica* var. florentina) - Le doute subsiste quant à sa position exacte dans la classification : est-ce un ancien Germanica, un hybride très proche ou une variété blanche de Germanica ? Longtemps utilisé en Toscane et aux alentours de Vérone pour extraire l'irone de ses rhizomes (essence de violette), il est de

Espèces	I. albertii	I. albicans	I. aphylla	I. pallida	I. variegata
Région d'origine	Turkestan, Kazakstan, Ouzbekistan	Espagne, Lybie, Tunisie, Algérie, Maroc, Yémen	Allemagne, Pologne, Russie d'Europe, Caucase	Sud du Tyrol, Crimée, Dalmatie	Autriche, Yougoslavie, Roumanie, Hongrie, Tchécoslovaquie
Nombre de chromosomes	2 n = 24	2 n = 44	2 n = 48 (tétraploïde)	2 n = 24	2 n = 24
Hauteur	40 à 70 cm	70 cm	25 à 30 cm	100 cm	15 à 40 cm
Teinte principale	fond bleu-violet veiné olive sur sépales	blanc mauve (var. *madonnae*)	violet foncé	bleu lavande pâle	pétales jaunes, sépales veinés bleu ou brun rouge
Barbe	blanc pointé jaune	jaune	blanc ou blanc teinté bleu	blanc teinté jaune	jaune d'or
Branchement de hampe	plusieurs branches courtes	bon branchement fleurs serrées près de la hampe	branchement bas et important	branches très courtes (1 à 3 cm) donne un effet de grappe	dépend du type
Végétation	lorsque la plante fleurit, les extrémités des feuilles sont généralement desséchées.	parfois les feuilles tordues donnent un aspect curieux à la plante	perte des feuilles en hiver	feuilles en forme de sabre de couleur bleu-vert	feuilles légèrement veinées parfois teintées de pourpre à leur base
Culture	bon drainage nécessaire résistant au froid	facile dans les régions chaudes et les sols bien drainés, délicat ailleurs	facile car rustique et tolérant l'humidité hivernale	bon drainage et plein soleil (extrêmement résistant à la sécheresse)	à cultiver en régions chaudes et sèches.
Autres caractères intéressants	le plus précoce des grands Iris refleurit souvent à l'automne	s'est répandu durant l'expansion de l'Islam en Afrique du Nord et sud de l'Europe	peut refleurir à l'automne boutons très nombreux	rhizomes utilisés dans l'industrie du parfum (« orris root »)	il existe une forme à pétales blancs et sépales veinés bleu (= Amoena)

I. FLORENTINA

I. APHYLLA

I. IMBRICATA

I. PALLIDA

plus en plus remplacé par *I. pallida* variété DALMATICA. Actuellement, des recherches sont faites dans des laboratoires de culture in vitro pour l'extraction des irones compte tenu de l'importance économique de ses substances destinées à la parfumerie.

Les fleurs, agréablement parfumées, sont blanches et portées par des hampes de 45 à 70 cm. *I. florentina* diffère de *I. albicans* par son branchement harmonieux et fort et la présence de barbes sur les six pièces florales. Il fleurit très tôt pour un grand Iris et ne se multiplie que par séparation des rhizomes.

• *Iris germanica* – Il s'agit d'un ancien hybride, sans doute né aux alentours de la Méditerranée. Répandu dans le sud de l'Europe, en Asie du Sud-Est et dans d'autres continents par l'intervention de l'homme, il possède de nombreuses formes. Ce sont des Iris très peu gourmands surtout destinés aux collectionneurs [*I. germanica* var. atropurpurea (unicolore violet), *I. germanica* var. florentina, *I. germanica* var. kochii, etc.]

Les hybridations réalisées sur les Elatae ont été le point de départ de la création de nos grands Iris des jardins, dont il existe aujourd'hui tant de variétés.

Hexapogon

De très beaux Iris appartiennent à cette section, malheureusement leur culture se révèle, pour certains, très délicate sous nos climats. Leur particularité est d'avoir 6 barbes : 3 sur les sépales, plus 3 à la face interne des pétales. Leurs graines ont un appendice blanc et circulaire appelé arille.

Regelia

Natifs du Turkestan et du Tadschikistan pour la plupart, donc situés à des altitudes de près de 3 000 mètres, ils résistent bien aux gelées. Par contre, ils ne supportent pas la moindre trace d'humidité dans le sol en été et doivent être plantés dans un sol aussi léger que possible (drainage parfait) ; le mot « cuisson des rhizomes » est employé pour illustrer leur culture. Si vous vivez dans une région où les étés sont chauds et humides, mieux vaut sortir de terre les rhizomes et les stocker dans un endroit sec et chaud avant de les replanter vers le mois d'octobre.

Espèces : *I. afghanica, I. darwasica, I. heweri, I. hoogania, I. karategina, I. korolkowii, I. kuschkensis, I. lineata, I. stolonifera.*

I. AFGHANICA

• *Iris hoogania* – C'est l'un des plus jolis Iris botaniques. Nommé ainsi par Dykes en l'honneur de la famille Hoog (Hollande) spécialisée dans les cultures d'Iris rares. C'est aussi le Regelia le plus facile à cultiver au jardin. La tige, de 75 cm de haut, possède 2 ou 3 fleurs de forme particulièrement gracieuse, de couleur bleu lavande à barbe orangée ; les pétales sont plus grands que les sépales et sont ondulés. Il en existe plusieurs variétés dont une blanche et une pourpre foncé (*I. hoogania purpurea*). *Iris hoogania* est utilisé dans la création d'Iris hybrides de Regelia tétraploïdes car il possède 2 n = 44 chromosomes.

I. HOOGANIA

• *Iris stolonifera* – Les minces rhizomes de cet Iris émettent des stolons d'environ 20 cm. Les feuilles ont une base rouge et la hauteur des tiges varie entre 40 et 60 cm. La fleur à fond blanc est veinée et bordée de brun clair ; de forme amplement ondulée, elle porte une barbe crème. Pour bien pousser, il lui faut beaucoup de chaleur. Utilisable comme fleur coupée, il en existe plusieurs variétés [*I. s.* var. leichtlinii (à barbe bleue), *I. s.* ZWANENBURG BEAUTY (bronze à violet bleu) *I. s.* VAGA COMPACTA (variété naine)...].

I. STOLONIFERA

Hexapogon
Pseudoregelia

Espèces : *I. dolichosiphon, I. goniocarpa, I. hookeriana, I. kamaonensis, I. leptophylla, I. potaninii, I. sichuanensis, I. sikkimensis, I. tigridia.*

Ces espèces originaires de l'Himalaya, se sont répandues en Asie centrale ; leurs rhizomes sont courts, noueux et non stolonifères ; leurs fleurs s'ouvrent alors que le feuillage est très peu développé ; elles sont réservées aux collectionneurs car la reproduction au jardin de leur situation originelle est particulièrement difficile.

Hexapogon
Oncocyclus

A la fois le professeur Rodionenko et Dykes ont éprouvé des problèmes à établir un répertoire d'espèces certain pour les Oncocyclus du fait de difficultés de mise en culture et aussi d'une période très longue pour passer du stade de graine à celui de plante fleurie.
Ces Iris proviennent du Moyen Orient : Caucase, Turquie, Syrie, Liban, Israël, mais ils se trouvent aussi en Afghanistan, Irak et Iran. En dehors

d'un excellent drainage, les qualités du sol leurs sont indifférentes. Comme pour les Regelia, le phénomène de cuisson estivale est indispensable. Un autre problème de leur culture est leur grande sensibilité aux viroses et à nombre de maladies qu'ils ne rencontrent d'ailleurs pas dans leurs aires d'origine (pentes pierreuses, sols très pauvres des déserts mais sains). Les fleurs sont remarquables de beauté : ornées de veines et d'une tache sombre sur le sépale.
Espèces : *I. acutiloba, I. antilibanotica, I. atrofusa, I. atropurpurea, I. auranitica, I. barnumae, I. bismarckiana, I. bostrensis, I. camillae, I. cedrettii, I. damascena, I. demavendica, I. elizabethae, I. gatesii, I. grossheimii, I. haynei, I. heylandiana, I. iberica, I. jordana, I. kasruwana, I. kirkwoodii, I. lortetii, I. lupina, I. mariae, I. meda, I. nigricans, I. paradoxa, I. petrana, I. polakii, I. samariae, I. sari, I. schelkownikowrii, I. sprengeri, I. susiana, I. yebrudii.*

I. ATROFUSA

I. LORTETII

I. GATESII

Toutes ces espèces ont un nombre de chromosomes de $2n = 20$, ce qui rend encore plus difficile la classification du fait de possibles hybridations naturelles. Nous avons choisi de décrire seulement les espèces soulignées dans la liste.

• *Iris atropurpurea* – Il a la particularité, d'émettre des stolons et pousse dans des sols sableux, pauvres et légèrement calcaires, en Israël mais aussi en Syrie. La fleur, d'un diamètre de 10 cm, est généralement pourpre ou violet presque noir à tache noire sur les sépales.

• *Iris gatesii* – Il a été nommé par Dykes « Le prince des Iris » et est originaire du nord-est de l'Irak. La fleur est de taille impressionnante, pouvant atteindre 20 cm de diamètre et portée par une hampe de 45 cm à 60 cm. Le fond des pièces florales est blanc crème délicatement veiné et piqueté de violet, la tache

I. LAEVIGATA
var. ALBOPURPUREA COLCHESTERENSIS

des sépales est brune, le tout donnant une impression de gris perle avec une barbe jaune ou gris-vert. Parmi les Oncocyclus, c'est un des rares à se trouver assez facilement au commerce.

• *Iris iberica* - C'est un superbe iris aux pétales blanc pur et sépales blancs ou lilas veinés de bleu à tache basale proche

I. IBERICA

du noir. On le trouve en Turquie, Arménie et Iran. La hampe mesure entre 45 cm et 60 cm. Compte tenu de sa dispersion, il présente quelques variantes :

- *Iris iberica*, sous-espèce *elegantissima* : c'est celui des iberica qui croît le plus au sud. Il diffère du véritable Iberica par des pétales plus grands que les sépales (de tailles égales pour le vrai). L'*elegantissima* est très diversifié : ainsi les pétales peuvent-ils être blancs à bleu pâle, crème, jaune sulfureux à jaune citron vif. La plante est très basse puisqu'en floraison elle fait environ 15 cm ; quant aux feuilles, elles sont particulièrement arquées et de couleur bleu-vert.

- *Iris iberica* sous-espèce *lycotis* : là aussi, des coloris variés existent. La fleur est très grande (16 à 20 cm de diamètre) et peut durer très longtemps.

I. IBERICA ssp. LYCOTIS

• *Iris mariae* - Originaire de régions désertiques entre l'Égypte et la Palestine et de la péninsule du Sinaï. Les fleurs ont des pétales (nettement plus grands que les sépales) de couleur rose à violet

en passant par le lilas, les sépales sont piquetés et à spot violet-noir, la barbe est pourpre profond. Sa période de floraison est précoce par rapport à beaucoup d'autres Oncocyclus.

I. PARADOXA

• *Iris paradoxa* - Il se caractérise par des sépales pourpre-noir très petits, horizontaux, portant une forte barbe noire et des pétales violets et chatoyants nettement plus grands. Il est natif des régions du Caucase, d'Arménie et d'Iran. Comme *I. iberica*, il en existe d'autres formes aux coloris variés.

• *Iris susiana* - C'est le plus connu et le plus anciennement cultivé des Oncocyclus. C'est sur celui-ci que l'amateur d'oncocyclus doit faire ses premières armes car, bien que virosé, il est vigoureux. La couleur du fond est blanc crème avec des veines et des points pourpre-brun, les pétales étant légèrement plus clairs. Deux autres formes existent : *Iris sofarana* (veiné et piqueté plus précisément que *I. susiana*) et *Iris westii* (fond jaune, originaire du Liban).

I. SUSIANA

Nous quittons maintenant (momentanément) le genre Iris constitué de plantes à rhizomes (à l'exception du sous-genre Nepalensis) pour entrer dans le monde des Iris bulbeux.

Hexapogon
Psammiris

Espèce : *I. bloudowii, I. falcifolia, I. humilis, I. longiscapa, I. mandschurica.*

Autrefois classés parmi les Regelia, ils appartiennent maintenant à une sous-section à part, du fait d'un biotope spécial : sols très sableux, steppes. De plus, ce sont des Iris de taille modeste.

• *Iris bloudowii* – Relativement tolérant vis-à-vis de l'humidité, il pousse dans des prairies alpines d'Asie Centrale et de l'Est (Mongolie, Mandchourie). Les feuilles, assez grandes, présentent de grosses nervures. La tige, de 10 à 12 cm, porte deux fleurs terminales de couleur jaune sombre, les sépales s'ornant de veines marron et d'une barbe jaune d'or. La floraison est courte et difficile à obtenir.

• *Iris humilis* (synonymes : *I. flavissima, I. arenaria*) – En provenance de deux régions : Autriche, Moravie, Hongrie, Transylvanie pour l'*Iris arenaria*, et Asie centrale (Altaï, lac Baïkal, Mongolie) pour l'*Iris flavissima*. Ces deux Iris sont morphologiquement bien différents et l'on peut s'interroger sur la valeur de leur regroupement sous le nom unique d'*Iris humilis*. De hauteur variable suivant la région (10 cm pour *I. arenaria*, 20 cm pour *I. flavissima*), la hampe porte deux fleurs jaune clair à jaune soutenu ; les feuilles sont fines et disparaissent à l'automne. Aussi nommé « Iris des sables », il est trop délicat à cultiver pour le néophyte ; de plus, sa fleur éphémère ne dure qu'une journée lorsqu'il fait chaud.

XIPHIUM

Tous ces Iris proviennent du pourtour occidental de la Méditerranée : sud de la France (en particulier les Pyrénées), Portugal, Espagne (régions sud et est), Maroc, Algérie, Tunisie. Cette localisation explique le manque de rusticité de certaines espèces, qui aiment des étés chauds et secs et des hivers doux à périodes humides. De ces espèces sont dérivées les variétés bien connues que l'on trouve chez tous les fleuristes (Iris de Hollande, d'Angleterre ou d'Espagne) à longue floraison et tige très droite et rigide. Par des méthodes de forçage, ces variétés fleurissent tout au long de l'année.

Espèces : *X. boissieri, X. filifolium, X. junceum, X. latifolium, X. serotinum, X. tingitanum, X. vulgare.*

• *Xiphium boissieri* (2 n = 36) – Il est extrêmement rare et n'existe pas dans le commerce. On le trouve à l'état sauvage dans une province montagneuse du nord du Portugal. Haut de 30 à 40 cm, il est le seul des Iris bulbeux à avoir une sorte de barbe jaune ; sa fleur pourpre bleuté est véinée de rouge-pourpre. Porte un à deux boutons floraux au maximum qui s'épanouissent en juin.

• *Xiphium filifolium* (2 n = 32) – Pas tout à fait résistant aux froids de l'hiver, il est préférable de le cultiver en serre froide, du fait de son origine : Afrique du Nord et sud de l'Espagne. Haut de 45 cm, il porte 1 à 2 fleurs rouge bordeaux aux sépales à centre jaune bordé de bleu. Ses feuilles sont droites et étroites (d'où sans doute son nom).

• *Xiphim junceum* (2 n = 32) – Encore un Iris bulbeux introuvable sur le marché. Il croît en Afrique du Nord (Tunisie) et en Sicile, ses bulbes étant d'ailleurs consommables. Nommé ainsi par l'allure de ses feuilles, il porte sur une tige de 30 cm 1 ou 2 fleurs jaune d'or au parfum agréable.

X. LATIFOLIUM

• *Xiphium latifolium* (2 n = 42) - Il est plus connu sous le nom d'*Iris anglica*, bien que n'étant pas du tout originaire d'Angleterre, puisque natif des prairies humides des Pyrénées et d'Andorre. Plus haut que les 3 précédents (60 cm), il porte aussi plus de fleurs (2 ou 3) d'un bleu soutenu qui s'ouvrent l'une après l'autre. Les bulbes de bonne taille doivent être enfouis à 10 cm dès réception. Il en existe un certain nombre de variétés dans les tons bleus, pourpres ou blancs mais pas de jaunes. Cette espèce est tout à fait rustique en sol plutôt acide, ne se desséchant pas en été.

• *Xiphium tinginatum* (2 n = 42) - A l'origine de nombreux Iris de Hollande. Ses fleurs sont grandes, bleues à spot jaune sur les sépales et portées par une hampe de 40 à 60 cm. Il est natif du Maroc et de sols relativement riches. Floraison précoce (avril). La variété FONTANESII, originaire d'Algérie, bleu-violet sombre, est plus tardive et robuste.

IRIS DE HOLLANDE

• *Xiphium vulgare* - Très répandu en Espagne, il fut naturellement nommé Iris d'Espagne. On le trouve aussi au Portugal, en Afrique du Nord et en France. Haut de 60 cm, il porte 1 à 2 fleurs de 12 cm de diamètre aux teintes très variées, mais toujours marquées par une tache jaune sur les sépales. Si on lui offre une protection hivernale, il peut passer la mauvaise saison au jardin.

Quelques mots sur la culture de ces Iris.

Seuls *Xiphium vulgare* et *Xiphium tinginatum* peuvent être tentés en culture de pleine terre ; encore faut-il leur réserver un endroit exposé au sud et abrité, car la croissance des feuilles débute dès l'automne et se prolonge jusqu'à leur floraison en mai. Ils affectionnent un sol bien drainé, riche et fort. Les arrosages durant l'été sont à prohiber. La multiplication se fait sous forme de bulbilles ou caïeux émis par les forts bulbes bruns et ronds ; on doit les diviser et les planter vers la fin septembre.

IRIDODICTYUM

Les Iris composant ce genre se distinguent de ceux du genre Xiphium par de petits bulbes recouverts d'une épaisse tunique réticulée. Les feuilles ont la forme caractéristique des feuilles de jonc, les fleurs sont uniques et s'épanouissent très tôt, fin février-début mars parfois, avant la croissance des feuilles. Ce genre a été divisé par le professeur Rodionenko en deux sections.

Iridodictyum

Il s'agit là de l'ancienne appellation section Reticulata.
Espèces : *I. bakerianum, I. danfordiae, I. histrio, I. histroides, I. hyrcanum, I. pamphylicum, I. reticulatum, I. vartinii, I. winogradowii.*

• *Iridodictyum bakerianum* (2 n = 20) - Des feuilles tout à fait spéciales : elles ont 8 côtés. Originaire de Turquie, Arménie, Kurdistan, Syrie et nord de l'Iran. Hauteur : 12 à 20 cm. Coloris bleu à violet avec marques crème sur les sépales. Cette espèce est un peu fragile et il faut remplacer ses bulbes tous les 2 ou 3 ans. Il en existe un joli hybride du nom de « Clairette » (= *I. bakerianum × I. reticulatum*).

• *Iridodictyum danfordiae* (2 n = 18) - Haut de 10 cm, originaire de Turquie, ses fleurs sont jaunes tachetées de vert sombre sur les sépales. Peut être planté au jardin à condition d'installer des bulbes plusieurs années de suite car les bulbilles nombreux émis après la période de croissance mettent longtemps avant de fleurir.

• *Iridodictyum histrio* (2 n = 20) - Nettement moins rustique que *I. his-*

I. RETICULATA

troides, certaines de ses formes (I. histrio var. aintabiensis) le sont. Les teintes varient du bleu au violet pourpré avec des taches blanches sur les sépales. Hauteur : 10 à 15 cm. Un de ses avantages est sa floraison intervenant dès la fin janvier. Régions d'origine : Turquie, Liban, Syrie, Israël.

• *Iridodictyum histroides* (2 n = 16) – C'est l'espèce qui offre les plus grandes fleurs parmi ces nains bulbeux. Comme *I. danfordiae,* les feuilles sortent après la floraison. A seulement 5 cm du sol s'épanouissent des fleurs bleu roi à raie médiane jaune entourée de blanc sur les sépales et ceci dès janvier. La variété MAJOR se trouve facilement et se développe bien en sol fertile ; seul problème : le féroce appétit qu'en ont les escargots.

• *Iridodictyum pamphylicum* – Il mérite d'être signalé pour ses coloris : pétales violet ombré de vert olive, sépales pourpre foncé ombrés de vert olive et spot jaune clair. Assez rare, difficile à trouver sur le marché car délicat de culture. Originaire des monts Taurus en Turquie.

• *Iridodictyum reticulatum* – Ses petits bulbes fortement réticulés se multiplient vite et il est d'une bonne rusticité, ce qui en fait une espèce tout à fait recommandable pour les rocailles où elle fleurit dès le mois de mars. Assez haut (15 à 20 cm), les fleurs apparaissent au sein du feuillage ; elles sont parfois odorantes, de couleur bleu-violet sombre et à raie médiane jaune d'or cernée de bandes blanches sur les sépales. Aime les sols poreux, légèrement calcaires. Habitat d'origine : régions caucasiennes.

• *Iridodictyum vartanii* (2 n = 20) – Il est à regretter qu'il ne soit pas cultivable en plein jardin dans nos régions car ses fleurs sont délicates, blanc pur à bleu profond, avec une raie médiane jaune pâle sur les sépales. Natif d'Israël dans la région de Nazareth et du nord de la Jordanie, c'est une espèce protégée et odorante.

• *Iridodictyum winogradowii* (2 n = 16) – Ses fleurs, jaune citron à raie médiane orange cernée de petites taches noires, sont vraiment attrayantes. De plus, il est rustique et se multiplie bien dans des sols biens drainés et peu calcaires. Comme *I. danfordia,* les feuilles n'atteignent leur développement complet qu'après la floraison. Il est préférable d'arracher les plantes chaque année pour pratiquer la division des bulbes puis de les replanter. Originaire des prairies des montagnes du Caucase.

Comment cultiver les Iridodictyum ?

Toutes ces plantes sont intéressantes pour les rocailles et pour la constitution de potées fleuries. Il est conseillé de les planter en septembre à une profondeur de 10 cm dans un sol très bien drainé, nettement calcaire (en milieu acide, ils contractent une maladie cryptogamique fatale : l'« encre »). L'engrais, de préférence organique, doit être enfoui bien profondément (25 cm). Enfin, elles font le régal des gastéropodes, alors attention !

Monolepis

Elle comprend seulement deux espèces *I. kolpakowskianum* et *I. winkleri* (très proche du premier), originaires du Turkestan.

GYNANDRIRIS

On peut les considérer comme étant des Iris. Leurs fleurs ressemblent à celles des Iris, mais leur organisation végétative est un peu différente. Pour mémoire, on distingue *Gynandriris sisyrinchium* et *Gynandriris monophylla.*

JUNO SCORPIRIS

Les Iris Juno ont des bulbes ressemblant à ceux du genre Xiphium, desquelles partent des racines charnues qui restent en période de repos et qui sont relativement fragiles. Leurs fleurs naissent à l'aisselle des feuilles et sont assez particulières : les pétales sont très réduits, pendants, ou horizontaux ; les styles sont, eux, très développés.

Juno

Nombreuses sont les espèces appartenant à cette section ; cependant, peu d'entre elles résistent aux froids de l'hiver. Elles poussent dans des sols arides d'Asie centrale et occidentale et fleurissent en hiver et au printemps.

Nous ne présenterons ici que quelques espèces sur la cinquantaine répertoriée dans la section (rien que dans l'ouvrage *La flore d'URSS,* de Komarov, apparaissent 27 espèces).

• *Juno aucheri* – Il peut s'implanter dehors dans des climats doux, étant originaire de Turquie, Syrie et Irak ;

I. JUNO AUCHERI

encore faut-il lui fournir une protection hivernale. Le docteur Boussard, auteur de la préface de cet ouvrage, le réussit parfaitement à Verdun (sol bien drainé et plein soleil). Haute de 25 cm, la hampe peut porter jusqu'à six boutons qui s'épanouissent en février/mars. Les fleurs odorantes sont bleu pâle à veines plus sombres et fine raie médiane jaune. Pas tout à fait vivace, il faut qu'il cuise tout l'été pour refleurir l'année suivante.

I. JUNO BUCHARICA

• *Juno bucharica* – Tout à fait rustique en terre bien drainée, grasse et fertile. Il est originaire de Boukhara en ex-URSS. Les fleurs sont odorantes, de couleur blanc crème à forte tache jaune soutenu sur les sépales. La tige mesure environ 50 cm et les feuilles sont longues, recourbées et bien larges. Cultivé en bonnes conditions, au soleil, il forme rapidement de fortes touffes.

• *Juno caucasica* – Il s'agit d'une espèce naine à fleurs jaune pâle presque translucides, au nombre de 1 à 4. Originaire du Caucase, nord-est de la Turquie et nord de l'Iran, il en existe deux variétés : *Juno caucasica*, var. MAJOR et *Juno caucasica*, var. KHARPUT (plus haute, aux fleurs jaune-vert et un peu plus rustique).

• *Juno cycloglossa* – Assez différent des autres Juno par une tige branchue de 45 à 75 cm et sa faculté à pousser dans des prairies humides. La floraison est

I. JUNO CYCLOGLOSSA

très tardive (mai/juin) et la fleur, aux sépales bleu moyen à tache blanche et jaune, a la particularité de présenter des pétales semi-dressés. Originaire de l'Afghanistan, il semble assez rustique et est parfumé.

• *Juno graeberiana* – Vivace et florifère s'il est installé dans des endroits chauds et ensoleillés. Originaire du Turkestan, ses fleurs sont bleu argenté à centre plus clair et veiné de bleu sur les sépales.

Haut de 20 à 40 cm, il présente des feuilles dressées, larges et brillantes. Dans les régions à précipitations estivales, il convient de l'arracher en août pour le replanter en novembre, en ayant soin de ne pas laisser les racines charnues se dessécher.

I. JUNO MAGNIFICA ALBA

• *Juno magnifica* – Vivace même en climat froid et ce sans protection hivernale. La hampe de 60 cm peut porter jusqu'à 7 fleurs bleu lavande à zone jaune sur les sépales. Il existe aussi une forme blanche (J. m. var. alba). Originaire du Turkestan. Assez facile à trouver sur le marché.

• *Juno persica* – Présent en Turquie et en Iran et décrit dès 1697 par Parkinson. Dans les listes commerciales figurent de nombreuses variétés de ce Juno. L'espèce type mesure 15 à 20 cm de haut,

I. JUNO PERSICA

68

parfois moins, et porte 1 à 2 fleurs bleu vert de 7 cm de diamètre ; les sépales ont un centre jaune d'or pointé et veiné de noir. Dans la nature, la floraison va de janvier à mars (avril en climat plus frais). Il est parfaitement rustique, résistant au froid, mais il craint l'humidité (pluie, neige), s'insinuant entre les feuilles et faisant pourrir la plante ; de plus, il lui faut une grande sécheresse durant l'été. J. p. var. tauri est, d'après Dykes, l'une des plus faciles à cultiver.

• *Juno warleyensis* – A cultiver en sols sableux, fleurissant en mars, c'est une espèce rustique originaire d'Asie Centrale. Sa taille varie de 25 à 45 cm et les fleurs, de 3 à 5, ont sur les sépales une tache violette entourant une crête jaune bordée de blanc. Rarement cultivé.

• *Juno willmottiana* – Très proche de *J. caucasica*, il fleurit cependant plus tôt. Originaire des montagnes de l'est du Turkestan, où il pousse à des altitudes élevées. Tige courte portant 4 à 6 fleurs bleu lavande. Il en existe une forme blanche vraiment jolie.

Physocaulon
Juno drepanophylla et *Juno rosenbachiana*

• *Juno rosenbachiana* – Pousse à haute altitude (1 800 à 2 700 m) dans les montagnes du Turkestan. Tige courte (environ 15 cm) portant 1 à 3 fleurs, qui apparaissent avant le feuillage. La couleur la plus fréquente est violet pourpré clair avec une zone orange rayée et pointée de blanc sur les sépales ; les stigmates sont blanc lilacé bordés de jaune. Floraison de janvier à mars. Graine à arille blanc.

Acanthospora
Juno planifolia et *Juno palaestina*

L'*Iris planifolia* (aussi nommé *Iris alata*) est sans doute l'espèce de Juno

I. JUNO ROSENBACHIANA

la plus répandue : Portugal, Espagne, Algérie, Lybie, Sardaigne et Sicile. Comme toujours dans ce cas, de nombreuses variantes existent. Suivant la région, la fleur s'ouvre entre l'hiver et

I. JUNO PLANIFOLIA

le début du printemps et est portée par un long tube floral de 25 cm. Les teintes varient dans les bleus. D'avril à l'automne, la plante est en repos ; elle recommence à pousser aux premières pluies. En climat frais, l'*Iris planifolia* doit être cultivé en pot ou en serre, le rempotage s'effectuant en août-septembre et l'on peut voir les premières fleurs (de 9 cm de diamètre) très agréablement parfumées, dès novembre.

Comment cultiver les Iris Juno ? A part *J. bucharica*, *I. cycloglossa*, *J. graberiana*, *J. magnifica*, *J. warleyensis* et *J. willmottiana*, que l'on peut planter dehors dans des sols très bien drainés et en plein soleil, tous les autres sont à planter en pots et en serre. Il est important de veiller à l'intégrité des racines charnues et d'enterrer le bulbe de 15 cm dans un mélange filtrant plutôt calcaire, riche en minéraux.

Comme les Oncocyclus et les Iridodictyum, ils exigent durant la période de végétation des arrosages réguliers et une sécheresse absolue après, c'est-à-dire de mai à octobre.

Bien entendu, du fait de leurs grandes racines, les Juno ont besoin de pots très profonds.

C'est donc avec les Juno que nous terminons la classification des espèces. Les Iris forment un monde complexe dont les représentants se retrouvent sur une grande étendue de notre planète, soit parce qu'ils ont toujours été là, soit parce que l'homme les a véhiculés.

Nous allons étudier maintenant les Iris hybrides susceptibles de bien se développer dans nos jardins. Ils sont dérivés des espèces botaniques et le résultat d'hybridations nombreuses effectuées depuis des décennies, voire des siècles, par des générations d'horticulteurs. Le terme d'Iris hybride ne doit pas être pris dans un sens péjoratif, le but du créateur d'Iris ne devant pas être forcément l'originalité mais l'amélioration des caractères esthétiques de la plante, et aussi la conservation de la rusticité des Iris.

LES IRIS BARBUS
DE NOS JARDINS

De tous les Iris, ce sont les plus faciles à cultiver (si l'on met de côté les Iris arils). Très répandus dans nos jardins, ils offrent une palette de coloris pratiquement infinie avec des miliers de variétés existantes ! Malgré les progrès réalisés en hybridation sur d'autres catégories d'Iris, ils resteront encore certainement longtemps les meilleurs représentants du monde des Iris, d'autant plus que les améliorations sont toujours possibles.

LES POGONIRIS
OU VRAIS BARBUS

La classification horticole

Comme nous l'avons vu précédemment, tous les Pogoniris sont issus des séries Pumilae et Elatae. L'obtention par hybridation de très nombreux cultivars a conduit à l'élaboration d'une classification horticole très différente de la botanique, ne tenant plus compte de la région d'origine mais de la taille et de la période de floraison. A l'instar de la segmentation botanique, le classement horticole a dû évoluer.

A partir de la Seconde Guerre mondiale, les Américains acquièrent une grande avance sur notre vieux continent dans la création d'Iris hybrides. C'est donc un peu naturellement que leur classification horticole des Pogoniris s'impose. L'AIS (American Iris Society) définit six groupes. Nous allons donc développer séparément ces six ensembles, même si certains ne sont pas, à notre avis, d'un grand intérêt. D'ailleurs, l'étude des catalogues des plus grands producteurs européens et américains montre parfois des « aménagements » ou des regroupements entre les différents groupes créés par l'AIS.

LES SIX GROUPES HORTICOLES

1. Hauteur de floraison inférieure à 40 cm

   a – Feuillage plus court que la hampe florale, courbe ou en forme de Faucille, hauteur inférieure à 25 cm, fleurs de 5 à 7,5 cm de diamètre ⟹ | Nains miniatures |

   b – Feuillage aussi haut que la hampe florale, érigé, hauteur entre 25 et 40 cm, fleurs de 7,5 cm à 10 cm de diamètre ⟹ | Nains standards (lilliputs) |

2. Hauteur de floraison supérieure à 40 cm

   a – Hampe de 40 à 71 cm
   - tige florale mince et flexueuse, diamètre des fleurs de l'ordre de 7,5 cm ⟹ | Grands miniatures |
   - tige florale solide bien érigée
   - Fleurs de 10 cm à 13 cm de diamètre, hampe branchue, floraison après les nains standards et avant les grands ⟹ | Intermédiaires |
   - Fleurs de 10 cm à 15 cm de diamètre, floraison en même temps que les grands ⟹ | Iris de bordure |

   b – Hampe de plus de 71 cm ⟹ | Grands standards |

   (classification tirée de *Garden Irises*, L.F. Randolph, 1959.)

LES NAINS MINIATURES

Par définition, ils ne doivent pas dépasser 21 cm ; leur hampe ne comporte pas de branche et les fleurs, devant rester en proportion de leur végétation, mesurent 5 à 7,5 cm de diamètre. Beaucoup ont hérité des espèces naturelles la capacité de produire un très grand nombre de rhizomes, ce qui compense le manque de branchement donnant rapidement un véritable effet de tapis fleuri.

Par leur floraison très précoce (mi-mars pour Pumila AZUREA), ils annoncent le retour du printemps, ce qui n'est pas le moindre de leurs attraits. La plupart des variétés fleurissent début avril pendant une quinzaine de jours. Leurs exigences de culture sont les mêmes que celles des autres barbus ; cependant, leurs racines étant très superficielles, il peut s'avérer utile de les protéger (paillis, écorces...) en prévision de très fortes gelées (surtout pour des nains plantés tard et uniquement le premier hiver).

Du fait de leur taille très réduite, ce sont d'excellentes plantes de bordures (mixtes ou uniquement composées d'Iris). Ils ont aussi une grande utilité pour les petites cours où, protégés par les murs, ils s'épanouissent encore plus tôt. Bien sûr, dans les jardins de rocaille, agrémentés de pierres décoratives, ils seront parfaitement à leur place, leur feuillage touffu restant agréable après la floraison. Plantés en compagnie d'autres vivaces, il faudra veiller à ce qu'ils ne soient pas étouffés par des voisins trop envahissants. Par ailleurs, la végétation de ces Iris étant très petite (feuilles de 10 à 15 cm), il est impératif de surveiller les limaces et escargots ainsi que les vers perceurs qui ont vite fait de vider les rhizomes.

Leur histoire

Collectivement désignés sous le nom d'Iris pumila, ils n'ont en fait plus rien à voir avec cette espèce. Ils proviennent de croisements entre plusieurs espèces qui leur ont imprimé des caractères assez différents, observables principalement dans la hauteur des hampes, le nombre de fleurs, la grandeur et les teintes de leurs fleurs.

Les espèces principales sont :

- *I. chamaeiris* : commun dans le Midi de la France, où il se présente sous divers coloris. Dès 1914, Millet, en France, introduisit des hybrides de *chamaeiris* (MAROCAIN et NEGUS). Dans les années 1920, André, un autre Français, introduisit SOUVENIR DU LIEUTENANT DE CHAVAGNAC et JEAN SIRET, variétés à floraison remontante.

L'utilisation des *chamaeiris* n'est pas l'apanage des Français ; des Anglais (Caparne), des Allemands (Goos et Koenemann) et des Américains (Welch, Saas) les croisèrent aussi à la même époque.

- *I. olbiensis* : se trouve dans les îles d'Hyères (fleur violet rougeâtre). Sass aux États-Unis, utilisa SOCRATES, un semis de cette espèce pour créer de nombreux cultivars.

- *I. pumila* : espèce à hampe presque inexistante et tube floral assez long. Cook, aux États-Unis, introduisit en 1946 VIOLET GEM et ALINDA, hybrides de *I. pumila* et *I. arenaria* qui marquent le début des nains miniatures « modernes » (*I. arenaria* est natif des Balkans, fleurs jaune vif).

- Enfin, d'autres espèces dont *I. lutescens* (à fleurs jaunâtres), *I. reichenbachii* (originaires des Balkans), *I. mellita* ont aussi servi à la création des nains actuels.

Malgré cette multiple parenté, le nombre des variétés d'Iris nains est resté très réduit jusqu'au début du siècle. On peut penser qu'ils furent négligés par les hybrideurs européens bien que possédant un potentiel génétique conséquent.

Dans les années 50, fut envoyée aux États-Unis une collection d'espèces naines provenant d'Europe, de Russie et d'Inde, d'où la création de la « Dwarf Iris Society » et aussi de nouvelles variétés (la plupart des espèces naines n'existant pas à l'état sauvage aux États-Unis).

L'Iris pumila un géniteur exceptionnel

En effet, sans cet étonnant nabot, ni les Iris nains actuels, ni les Lilliputs (« nains standards »), ni les Intermédiaires n'existeraient, ou bien ils ne seraient pas aussi attrayants.

I. pumila fut d'abord introduit en Angleterre au XIXe siècle par des soldats revenant de Crimée sans pour autant connaître un grand développement. Jusque dans les années 40, l'*I. pumila* était pratiquement introuvable aux États-Unis. Robert Schreiner et Paul Cook en permirent la diffusion, participant ainsi de belle manière à l'évolution des Iris de jardins.

Peu avant 1940, Robert Schreiner fit venir de Crimée, de Roumanie et de Vienne des graines d'*I. pumila*. De là, par sélection, naquirent les cultivars NANA (issus des graines de Crimée), CARPATHIA et SULIMA (issus des graines de Roumanie). Aucune sélection des graines venant de Vienne ne porta de nom mais, grâce à ces dernières, par hybridation, Paul Cook créa les variétés RENNANT et SKY PATCH, variétés très proches du vrai bleu, beaucoup plus que ne l'étaient de précédentes obtentions.

Après la Seconde Guerre mondiale, les sélections de *I. Pumila* furent croisées à la fois avec les *chamaeiris* et d'autres espèces naines, et ce avec succès, mais il apparut assez rapidement que les meilleurs obtentions d'Iris miniatures étaient celles

SPINNING WHEEL

J. FARVACQUES. 95. ©

portant les gènes recombinés des nouveaux grands Iris tétraploïdes (en effet, en croisant *pumila* par de grands Iris tétraploïdes, Cook obtint les premiers Iris Lilliputs. Ces derniers, recroisés ensuite avec des miniatures, transmettent les gènes des grands trétraploïdes).

L'énorme atout de *I. pumila* est bien sa capacité de transfert des gènes des grands Iris tétraploïdes aux plus petits Iris, d'où la part importante qui peut lui être attribuée dans le développement des Iris dits modernes. L'étude du caryotype d'*I. pumila* (par Mitra en 1956, puis Randolph et Mitra en 1959) a montré qu'il s'agit d'un hybride tétraploïde à quatre séries de huit chromosomes, d'où son pouvoir de transfert des gènes des grands tétraploïdes.

L'avenir des nains miniatures

Il est probable que des voies nouvelles sont encore à explorer, même à partir de *I. pumila* et plus encore à partir d'autres espèces. En effet, le passage de l'état diploïde à l'état tétraploïde peut s'envisager pour quelques espèces naines pleines de personnalité : le tout est d'avoir la foi.

Quelques bonnes variétés

BROWNIE BOY

PRODIGY

– ABLAZE (Welch, 1956) : [Grand Iris rose × Nana] × pumila jaune
– BEE WINGS (Brown, 1960) : semis de pumila × Green spot
– BONNIE BABE (Mohood, 1965) : [Fairy Flax × Carpathia] × Willie Winkey
– BRIGHT SPRING (Welch, 1957) : Bouquet × H-501 pumila
– CHERRY SPOT (Welch, 1956) : [G.504 × 6 509] × [Cook-1546 × Carpathia]
– DITTO (Hager, 1982) : semis de Lilli Var, Rickshaw...
– HEART'S CONTENT (Welch, 1959) : Sparkling Eyes × inconnu
– THREE CHERRIES (Hager, 1971) : [Sable × pumila rouge] × [(grand Iris rose × Sulima) × Garnet Treasure]
– BROWNIE BOY (Brizendine, 1989) : non enregistré
– PUSSY TOES (Willott, 1982) : Wilma greenlee × Greenlee 6 X-9
– PRODIGY (Hager, 1973) : [Evening Storn × Thisbe] × Atomic blue.

BEE WINGS ▷

HEART'S CONTENT

LES NAINS STANDARDS

Appartiennent à cette catégorie les plus grands des chamaeiris (espèces et hybrides) et des hybrides communément appelés Lilliputs, qui proviennent du croisement entre *I. pumila* et grands barbus. L'on doit le terme Lilliput à Geddes Douglas (1954), qui l'appliqua à la première génération de *I. pumila* × grand barbu.

Ces Iris, hauts de 21 à 40 cm, portent des fleurs de 7 à 9 cm de diamètre, fleurissent après les nains (miniatures) et avant les Intermédiaires et présentent un début de branchement. Pour certains, les Lilliputs constituent l'une des meilleures plantes vivaces développée depuis le début du siècle. Ils apportent une transition en hauteur, couleur et forme des fleurs entre les tulipes, les jonquilles, les violettes et les pensées et contrastent brillamment avec les arbustes à floraison printanière.

A notre avis, tout amateur d'Iris se devrait d'en posséder quelques-uns car, même s'il existe moins de cultivars que pour les grands Iris, leur variablité est aujourd'hui très importante. De plus, ils poussent facilement et se propagent exceptionnellement vite (comptez une division tous les trois ans en moyenne).

Naissance des Lilliputs

Avant 1950, Schreiner aux États-Unis et Simonet en France croisèrent *I. pumila* et Grands barbus mais leurs obtentions, ne présentant pas de réelle amélioration par rapport aux vieux *chamaeiris*, furent délaissées.

La création par Cook en 1951 des premiers Lilliputs tient à la fois de la persévérance et du hasard :
– persévérance dans le suivi des lignées d'Iris et dans la quête du vrai bleu à partir d'un semis de grands Iris seulement numéroté (Cook 10942) ;
– hasard dans les résultats en croisant *I. pumila* par Cook 10942 : jamais, jusque-là, n'avaient été obtenus des Iris correspondant aux standards de nos Lilliputs actuels.

L'heureux père des Lilliputs fit donc enregistrer en 1951 les trois variétés suivantes :
– GREEN SPOT = Cook 10942 × Yellow pumila (blanc à gorge verte sur les sépales) : variété toujours au commerce en 1994 ;
– BARIA = Cook 10942 × Yellow pumila (jaune deux tons) ;
– FAIRY FLAX = Cook 10942 × Blue pumila (bleu-violet pâle).

Ces trois variétés bien que de hauteur équivalente aux plus grands *chamaeiris* présentaient des fleurs plus grandes, mieux formées, plus variées et une période d'épanouissement plus longue.

La catégorie « nains standards » fut créée en 1959 par Randolph pour distinguer ces nouvelles obtentions des nains miniatures et Iris intermédiaires. En 1954, Douglas obtint lui aussi, à partir de pollen transmis par Cook, de nouveaux « nains standards » qu'il décida d'appeler « Lilliputs ».

Les Lilliputs par couleurs • **Un trait caractéristique : la tache des sépales** – Il s'agit là d'un héritage de *I. pumila*, qui sert ou dessert les Lilliputs suivant l'effet recherché ; d'ailleurs, les premiers hybrideurs de nains standards eurent du mal à supprimer cette marque pour l'obtention de cultivars parfaitement unis. Exemples :
– BRIGHT VISION (Shoop, 1983) : 0,30 m – rose à spot abricot ;
– RITZ (Schreiner, 1968) : 0,35 m – jaune à spot brun rouge très net (= Grand Iris × Pumila d'Autriche) ;
– BOO (Markhem, 1971) : 0,30 m – blanc pur à grand spot net et bleu violet moyen. Une petite merveille.

BOO ▷

◁ RABBIT'S FOOT

REAL COQUETTE

MOOCHA

COURT MAGICIAN

- **A la recherche du vert** – On ne le rencontre aussi nettement dans aucune autre catégorie d'Iris. De toute façon, la création d'une fleur entièrement verte relèverait plutôt du mouton à cinq pattes que de l'esthétisme.
- GREEN SPOT présente sur ses sépales une tache parfaitement verte.
- REAL COQUETTE (Blyth, 1976) offre un rapport de tons très séduisant avec des pétales bleu pâle et des sépales vert chartreuse clair).

- **Les plicata**– Ce sont des fleurs à fond jaune ou blanc bordé et/ou piqueté d'un autre coloris. Depuis DALE DENNIS (1955), qui fut le premier plicata du groupe des Lilliputs, de nombreuses améliorations ont eu lieu. Parmi elles :
- JENNIE GRACE (Warburton, 1978) : fond blanc et fine bordure bleu violet soutenu ;
- MOOCHA (Blyth, 1988) : fond jaune moucheté et bordé de marron bordeaux ;
- COURT MAGICIAN (Nichols, 1984) : plicata à fond blanc veiné et bordé de violet pourpre.

- **Les amoena** – Leurs fleurs aux pétales blancs et aux sépales d'un autre coloris sont d'autant plus jolies que le contraste est bien net.
- DASH AWAY (Waite, 1978) : amoena jaune tendre ;
- MAKING EYES (Blyth, 1982) : amoena pourpre.

- **Des bicolores aux tons chauds**

- FIRE ONE (Plough, 1979) : très brillant variegata or et rouge ;
- RABBIT'S FOOT (Hager 1987) : pétales jaunes et sépales cuivre.

- **La palette des unicolores**

- SAPPHIRE GEM (Schmelzer, 1975) : bleu saphir (fait très bleu) ;
- WHITE GEM (Roberts, 1974) : blanc pur de bonne substance ;
- JOYFULL (Gatty, 1978) : jaune légèrement deux tons ;
- LOLLILOP (Hager, 1977) : rouge foncé très pur ;
- LEARN (Innerst, 1990) : rose pêche ;
- DEMON (Hager, 1972) : pourpre noir ;
- RAIN DANCE (Jones, 1979) : merveilleux bleu pur.

DASH AWAY ▷

LEARN

DEMON

RAIN DANCE

Le tableau qui suit montre clairement l'importance de cette catégorie pour la création soit de nouveaux Lilliputs, soit d'autres types d'Iris :

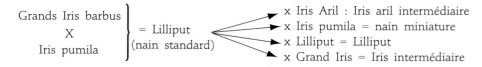

$$
\left.\begin{array}{c}
\text{Grands Iris barbus} \\
\text{X} \\
\text{Iris pumila}
\end{array}\right\} = \begin{array}{l}\text{Lilliput} \\ \text{(nain standard)}\end{array}
\begin{array}{l}
\text{x Iris Aril : Iris aril intermédiaire} \\
\text{x Iris pumila = nain miniature} \\
\text{x Lilliput = Lilliput} \\
\text{x Grand Iris = Iris intermédiaire}
\end{array}
$$

LES IRIS INTERMÉDIAIRES

Aujourd'hui, cette catégorie comporte trois subdivisions ayant en commun la hauteur de la hampe florale qui varie de 40 à 70 cm, hauteur intermédiaire entre les Lilliputs et les Grands barbus.

LES IRIS INTERMÉDIAIRES

Reprenant le terme générique de la catégorie, ils sont, à notre avis, très intéressants pour le jardin. En effet, leur floraison comble le vide entre les grands barbus et les Iris Lilliputs et la taille de leur végétation leur permet d'occuper des places qui ne sauraient l'être par les autres catégories. Il importe que leurs fleurs restent proprotionnées par rapport à la hauteur ; ainsi le standard est-il de 10 à 13 cm de diamètre.

Grâce au travail des créateurs, ils sont aujourd'hui bien variés en coloris, présentent des tiges bien branchues, ont des fleurs larges, ondulées et solides. Malgré ce, le nombre de variétés reste très en-deçà de celles existant en Grands Iris. Un effort pourrait être fait car, d'un intérêt certain pour les situations ventées, ils gardent aussi un aspect plus naturel, moins « plante de concours »...

Ce n'est qu'à la fin du siècle dernier qu'apparaissent les Iris dits intermédiaires, provenant de croisements entre nains et grands barbus. L'on doit ces premiers hybrides à Foster et Dykes en Angleterre.

Au tout début des années 1900, Monsieur Carpane, de Guernesey, met sur le marché une importante collection d'intermédiaires, la firme Goos et Koenemann aussi. A cette époque, les origines de ces Iris ne sont pas diffusées, origines peut-être mal assimilées.

C'est grâce à Simonet (France, 1934) que l'on en apprend un peu plus sur les origines « mystérieuses » de ces Iris intermédiaires hybrides : l'utilisation des grands Iris tétraploïdes et des nains à 40 chromosomes appartenant au « complexe chamaeiris » est la source des Interregna, premier nom donné aux intermédiaires. Une fois de plus, les Américains sont à l'origine du développement de la gamme des Iris intermédiaires. En Europe, où pourtant ils virent le jour, ils sont considérés comme un à-côté non dénué d'intérêt mais dont les mérites ne semblent pas évidents (*Les Iris cultivés (1923-1929)*, ouvrage pourtant très complet, leur consacre à peine une page).

Il faut attendre les années 1980 pour voir apparaître des créations françaises d'Iris intermédiaires... Avec l'apparition des premiers Lilliputs, vers 1950, les hybrideurs américains disposent d'un nouveau matériel génétique performant puisé dans le

HELLCAT

jardin de Paul Cook, le père des Lilliputs. Vers 1960, la société américaine des Iris crée la « Hans and Jacob SASS Medal », qui récompense le meilleur intermédiaire de l'année, équivalent de la Dykes Medal décernée aux grands Iris.

Les exemples suivants permettent de bien comprendre la réunion des caractères d'un Lilliput et d'un grand Iris sur un intermédiaire :

– ARCTIC FANCY (Brown 65), joli intermédiaire plicata bleu-violet provient de deux plicata célèbres : DALE DENNIS (Lilliput/Dennis 1955) et ROCOCO (Grand barbu/Schreiner 1959)

– HELLCAT (Aitken 83), bleu deux tons, Sass Medal 1990, est issu de deux bicolores : HOCUS POCUS (Hager 76) et MYSTIQUE (Ghio 75), Dykes Medal 1979.

– BEL AZUR (Cayeux 93) et ENCRE BLEUE (Cayeux 94) : deux bleus différents issus du croisement OPEN SKY (Lilliput/Warburton 76) par SWIRLING SEAS (Grand Iris/Gatty 84). L'utilisation de deux Iris vraiment bleus a permis l'obtention de deux intermédiaires eux aussi très bleus, l'un clair et l'autre moyen à profond.

– 8911 A (semis non nommé Cayeux) : plicata bleu-violet pourpre à fond crème de PANSY TOP (Lilliput bleu 2 tons/Hamblen 71) et BROADWAY (grand *variegata-plicata*/Keppel 79). Retrouvant dans l'ascendance de BROADWAY la variété ROCOCO, *plicata* bleu-violet, il est normal que nous obtenions un intermédiaire plicata bleu-violet.

BEL AZUR

◁ SEMIS D'IRIS INTERMÉDIAIRE (CAYEUX 8911 A)

Il suffit d'observer l'évolution du nombre de variétés d'intermédiaires dans les catalogues des plus grands spécialistes d'Iris pour s'apercevoir de la progression dans la création de nouveaux coloris : Schreiner (États-Unis) proposait en 1974, 15 variétés d'intermédiaires, en 1994, 49 variétés. Cayeux (France) en 1970 en commercialisait 10, en 1995, 40. Aitken (États-Unis) en 1994 présentait 80 variétés et Keppel (États-Unis) en 1992, 71. Bourdillon (France) en 1994 offrait 36 variétés de ces Iris....

Cet accroissement heureux devrait donc permettre aux amateurs de diversifier encore plus leur jardin.

Les unicolores

– **Blancs** : CUTIE (Schreiner 1962) : blanc pur aux pétales marqués turquoise ;

– **Jaunes** : BUTTER COOKIE (Gatty 80) : jaune pur très brillant ;

– **Orange** (un coloris encore très pâle pour les intermédiaires) : OF COURSE (Hager 79) : abricot clair à barbe orange vif et SUNNY DAWN (Jones 89) : jaune infusé d'orange à barbe rouge) ;

– **Roses** : ASK ALMA (Lankaw 87) : entre rose et saumon. SASS Medal 1994 ; PHARAON DAUGHTER (Boushay 74) : rose très rose, un coloris très pur et RASPBERRY BLUSH (Hamblen 76) : rose à spot cyclamen sur les sépales ;

– **Rouges** : LIGHT CAVALRY (Jones 67) : rouge bordeaux velouté plus soutenu sur les sépales ; RED ZINGER (Black 85) : rouge bourgogne moyen à barbe vieil or ;

– **Cuivre** : SHAMPOO (Messick 75) : bronze doré ou cuivre légèrement moutarde ;

– **Bleus** : BED TIME STORY (Ritchie 82) : bleu améthyste à spot plus sombre sur sépales.

LEMON WHIP

SUNNY DAWN

ASK ALMA

BED TIME STORY

CALIFORNIA STYLE

Les bicolores

– HELLCAT (Aitken 83) : bleu deux tons, SASS Medal 1990 (photo p. 80) ;

– ORIENTAL BABY (Guenther 63) : beige cuivré et brun rouge ;

– CALIFORNIA STYLE (Jones 90) : pétales blancs et sépales orange bordés de blanc.

– LEMON WHIP (Lankow 93) : pétales blancs et sépales jaune pâle. Nouveau et très beau ;

– EYE MAGIC (Donnell 87) : presque un variegata, pétales jaune pur et sépales à grandes marques rouges ;

– HONEY GLAZED (Niswonger 83) : pétales crème et sépales caramel (photo p. 29).

Les plicata

– ARTIC FANCY (Brown 65) : violet à fond blanc ;

– RARE EDITION (Gatty 80) : l'un des plus précoces, pourpre violet à fond blanc ;

– TENDER YEARS (Hamblen 80) : bleu tendre à fond blanc extrêmement gracieux ;

– ROCKET FLAME (Greenlee 68) : plicata brun chaud à fond cuivre clair ;

– BROADWAY BABY (Gatty 89) : variegata-plicata, pétales caramel cuivré et sépales à fond blanc bordé de rouge vin.

BROADWAY BABY

L'avenir des Intermédiaires

Le champ de création de nouveaux Intermédiaires reste immense et l'on est loin d'avoir épuisé toutes les possibilités offertes par les croisements entre Lilliputs et grands Iris. Les vrais bleus restent rares ; les oranges demandent encore à être intensifiés, peu de « noirs » existent. Il en est de même pour les variegata, qui pourtant sont très appréciés des amateurs dans la catégorie grands Iris barbus. A quand un plicata rose, à quand un amoena rose, etc ?

Bien sûr, un des problèmes importants du croisement Lilliput par grands Iris est la conservation du pollen, les premiers étant fanés lorsque les autres nous offrent leur généreuse floraison. Malgré tout, ce handicap n'est pas insurmontable et l'on peut très bien garder le pollen des Lilliputs choisis dans de petits récipients bien secs et au froid, ou bien obtenir du pollen de grands Iris provenant de contrées où leur floraison plus précoce se trouve en concordance avec celle des Lilliputs de son jardin.

Sans doute ce décalage de floraison a-t-il longtemps freiné le développement des Intermédiaires qui, malheureusement, sont souvent peu fertiles, voire pas du tout. Ainsi existe-t-il peu de variétés issues du croisement de deux intermédiaires.

D'autres voies ont été explorées, en particulier l'hybridation d'un Lilliput par un Intermédiaire et réciproquement, BETSEY BOO (classé dans les Lilliputs) en est un bon exemple : il commence sa floraison en même temps que les Lilliputs « normaux », mais celle-ci se prolonge plus tard avec l'apparition de hampes un peu plus hautes sans que les fleurs grandissent, d'où un manque de proportions. De telles recherches sont-elles souhaitables ? A notre avis, oui, mais il faudra encore pas mal d'années et beaucoup de soin dans la sélection des parents pour obtenir des plantes de qualité supérieure.

LES IRIS DE BORDURE (BB = BORDER BEARDED)

De 40 à 70 cm de haut, ils forment la deuxième subdivision des Intermédiaires, dont la floraison a lieu en même temps que leurs cousins les grands barbus, leur hampe florale étant nécessairement branchue et bien pourvue en boutons.

La création de cette gamme d'Iris est due à certains hybrideurs américains, comme Harold Knowlton, qui, vers 1950, décidèrent de sélectionner des plantes plus basses, aux fleurs plus petites, issues des croisements de grands Iris, la supême récompense de l'Iris de bordure étant la KNOWLTON MEDAL.

Cette classification, qui encore aujourd'hui n'apparaît pas dans les catalogues des meilleurs spécialistes français, a eu bien du mal à s'imposer outre-Atlantique. En effet, pas mal de sélectionneurs désirant garder leur progéniture mal formée, la reléguèrent dans les rangs des Iris de bordure : des plantes courtes à grosses fleurs et d'autres assez hautes mais à petites fleurs vinrent donc grossir le groupe, et cela sans aucun souci de proportions esthétiques...

Ce n'est plus le cas aujourd'hui, mais la frontière entre grands Iris et Iris de bordure est relativement diffuse. Les spécialistes de cette classe ont défini certains critères mesurables : une fleur de 12,5 cm de large par 9 cm de haut, une hampe de 60 à 65 cm, un feuillage proportionné à la taille de la plante, voilà le « border bearded » idéal.

Il faut aussi noter que le classement d'une variété dans la catégorie BB demande pas mal d'observations sur sa croissance, la hauteur de la hampe pouvant varier suivant les conditions de culture : BATIK (Ensminger 1986) appartient aux BB avec une hauteur de 0,65 m. Nous l'avons cultivé et multiplié, observant certaines années une hauteur de 0,75 m et des fleurs d'une taille qui ne ferait pas rougir un grand barbu !

Enfin, quoi qu'il en soit, cette classe d'Iris existe bien, voit son nombre de variétés augmenter et fait le bonheur des amateurs d'Iris qui préfèrent des plantes plus réduites, moins spectaculaires que les grands Iris.

Bien entendu, leur utilisation est aussi variée que celle des grands (bordures, mixed-borders, création de camaïeux...), ils sont recommandés pour les premiers plans, les jardins de taille réduite où la puissance des grands Iris peut déranger l'œil, les situations exposées aux vents.

PETITE BALLET

BATIK

BROWN LASSO

PINK BUBBLES

L'avenir de ces Iris passe par une sélection très rigoureuse, des croisements entre BB existants semblent plus souhaitables que des croisements entre BB et petits grands barbus car, dans le second cas, il est certain qu'on obtient de nombreux sujets de grande taille. Il faudrait aussi recourir à des hybridations entre intermédiaires et BB qui donneraient des plantes plus fines, aux proportions plus esthétiques. Quatre bonne variétés :

- BATIK (Ensminger 86) : violet pourpré à marques et raies blanches irrégulières. Spectaculaire ;
- PINK BUBBLES (Hager 80) : rose pur superbement formé, Knowlton Medal 1986 et frère de semis de BEVERLY SILLS (grand Iris) qui a obtenu la Dykes Medal 1985 ;
- BROWN LASSO (Buckles-Niswonger 75) : pétales jaunes et sépales lavande bordés brun clair, Knowlton Medal 1980 et Dykes Medal 1981 ;
- PETITE BALLET (Keppel 92) : pétales bleu azur et sépales à fond blanc ornés d'une large bordure bleu-violet. Forme superbe.

Les MTB (Miniature Tall Beardeds) furent d'abord appelés Iris de Table : il ne faut pas l'oublier, leur intérêt premier était la fleur coupée. Ce sont, en quelque sorte, de grands Iris « bonsaï » : hauts de 40 à 65 cm, leurs fleurs mesurent environ 8 cm de diamètre et la tige ne doit pas faire plus de 12 mm de diamètre à sa base, 3 à 5 mm sous le bouton floral.

Ils apparaissent aux États-Unis (dans l'Indiana) en 1929, et ce de façon accidentelle : au milieu de rangs de semis de grands Iris, se trouvaient des sujets malingres mais bien proportionnés, susceptibles de faire de bonnes variétés à couper. C'est pourquoi Ethel Peckham décida de les garder ! Jusqu'au début des années 50, ces nains malingres sont quelque peu délaissés et il faut attendre 1966 pour que soit éditée la première véritable liste de Grands miniatures.

Encore moins présents en Europe que les Iris de Bordure, ils sont relativement en vogue, actuellement, outre-Atlantique : pour le collectionneur, ils constituent des pièces supplémentaires. Ils sont à l'aise dans les mini-jardins urbains et évidemment s'utilisent en front des bordures herbacées.

Concernant leur culture, il faut se méfier d'apports d'engrais trop conséquents qui risquent de les faire trop grandir. De là à les faire mourir de faim, il y a une marge...

DISCO JEWEL

Quelques bonnes variétés actuelles

– APRICOT DROPS (Aitken 95) : délicat abricot orangé au feuillage et aux fleurs bien proportionnées. Particulièrement prolifique ;
– STEFFIE (Fischer 93) : blanc immaculé à macule violette sur les sépales ;
– DISCO JEWEL (Guild 78) : rouge brun infusé de violet ;
– REMINISCENCE (Mahan 92) : pétales violet clair et sépales violet plus soutenu bordé mauve. Barbes or.

REMINISCENCE

STEFFIE

APRICOT DROPS

LES GRANDS IRIS BARBUS

Dès lors que l'on pense Iris, c'est aux grands Iris que l'on songe ! Difficile de faire autrement : aucune autre catégorie n'est encore arrivée à leur degré de perfection. Depuis plus de cent ans, professionnels et amateurs ont œuvré pour orner les jardins d'un arc-en-ciel de couleurs. De la multiplicité des goûts des créateurs est née une cohorte de coloris, d'associations de teintes, d'architectures de fleurs différentes, permettant à chacun de trouver « chaussure à son pied ». Monotonie est un mot qui n'existe pas dans le monde des Grands Iris.

A quoi attribuer cette quête de nouveaux Grands Iris ? Il semble que la fleur, sa géométrie, son volume, déclenchent l'émotion, certains parlant même de sensualité... Combien de visiteurs de jardins d'Iris ne résistent pas à l'envie de toucher pétales ou sépales, à la fois solides et délicats ? Chaque printemps apporte à l'amateur d'Iris une floraison explosive. Comment imaginer qu'une plante au feuillage aussi sobre puisse offrir une telle beauté ?

Si la richesse d'un peuple provient de ses origines diverses et mélangées, il en est de même pour nos Grands Iris : leurs gènes proviennent de pratiquement toutes les espèces d'Iris barbus, y compris quelques Arils.

Aujourd'hui, certains hybrideurs continuent à croiser les Grands barbus avec des espèces pour élargir encore leur diversité, ou même introduire des capacités de résistance à certaines maladies ; l'avenir est donc encore prometteur.

Les illustrations de MADAME F. DEBAT (Cayeux 57) et PERLE ROSE (Cayeux 90) montrent bien le chemin parcouru depuis presque quarante ans : la teinte a gagné en pureté et en intensité ; la fleur d'apparence flasque est devenue ondulée et se tient bien, d'où une meilleure résistance aux intempéries. Il en est bien sûr de même dans toutes les gammes de coloris, sans parler de l'apparition de combinaisons non existantes dans les années 50. Il serait illusoire et impossible de vouloir passer en revue toutes les variétés existantes. En effet, tous les dix ans environ, 5 000 variétés sont enregistrées. Nous allons donc suivre par couleurs les meilleurs grands Iris actuels.

MADAME F. DEBAT

PERLE ROSE

BLANCS COMME NEIGE

C'est à SNOW FLURRY (Clara Rees, 1939), issu des variétés PURISSIMA et THAIS (Cayeux 1926, diploïde rose orchidée) que l'on doit une grande partie de nos Iris blancs actuels.

Ironie du sort, SNOW FLURRY, bien que remarquable en 1939, n'a jamais obtenu la médaille de Dykes. Il demeure, malgré ce, le plus célèbre Iris de ce siècle, et a donné une descendance tout à fait étonnante, particulièrement nombreuse, d'excellente forme et aux coloris variés.

De 1960 à 1994, un seul Iris blanc s'est vu honoré de la distinction suprême ; il s'agit de WINTER OLYMPICS (Brown, Médaille de Dykes 1967). Cela n'enlève rien au mérite des blancs, qui sont indispensables pour rehausser l'éclat des couleurs de leurs congénères.

La plupart des blancs proviennent de croisements de deux blancs, ou d'un blanc par un bleu : SKATING PARTY (Gaulter 83, Honorable mention 1985, Award of Merit 1989), provient de PORTRAIT OF LARRIE (bleu tendre) et de CARRIAGE TRADE (blanc bleuté). Il est pourtant d'une blancheur immaculée, ses amples ondulations,

CHRISTMAS TIME

SKATING PARTY ▷

sa végétation et sa floribondité en font l'un des meilleurs blancs des années 90 (photo ci-dessus).

Il est difficile de faire plus blanc que blanc, mais l'amélioration peut résider dans le nombre de boutons et la rusticité ; c'est le cas de FRISON-ROCHE (Cayeux 94) fils de SKATING PARTY et de SAPPHIRE HILLS (bleu moyen).

Les hybrideurs ont parfois de drôles d'idées : greffer une barbe rouge sur un Iris blanc ! Mais il est vrai que l'effet est réussi, témoin CHRISTMAS TIME blanc pur à superbe barbe rouge.

La recherche de nouveaux blancs continue : après les barbes rouges, ce sont les barbes bleues que l'on essaie d'apporter aux Iris blancs, un blanc pur à barbe bleu saphir serait certainement très attrayant, et pourquoi pas un blanc à barbe noire ?

LES TEINTES DITES FROIDES

Lorsque l'on pense aux Grands Iris, le bleu est la première couleur qui vient à l'esprit, et ceci est bien normal compte tenu du foisonnement de variétés tournant autour du bleu ; malgré tout, les bleus vraiment purs restent rares. A quand le bleu delphinium ou le bleu turquoise ? Depuis l'existence de la médaille de Dykes, 30 % des Iris médaillés ont été des bleus ; au-delà des modes, ce coloris reste donc le préféré des amateurs et des professionnels.

Du bleu azur au bleu nuit

• **Le bleu ciel** – Depuis ELEANOR'S PRIDE (Watkins 1952/Médaille de Dykes 1961) des progrès sensibles ont été réalisés : NAVAJO JEWEL (Weiler 84) est d'un bleu azur remarquable et, à notre avis, l'un des plus attirants de sa catégorie (il est d'ailleurs issu d'un médaillé de Dykes de 1965 : PACIFIC PANORAMA) ; OREGON SKIES (Schreiner 91) plus récent, plus opulent, plus ondulé, est lui aussi promis à un très bel avenir.

• **Le bleu moyen** – Où situer la frontière entre azur et moyen ? HORIZON BLEU (Cayeux 1983) témoigne de la difficulté de classer telle ou telle variété. PEACEFUL WATERS (Schreiner 88) bleu de transition, peut aussi être recommandé pour la confection de camaïeux bleus. SAPPHIRE HILLS (Schreiner 1971), bien que relativement ancien, reste un des bleu moyen les plus purs et les plus lumineux.

MEMPHIS BLUES

HORIZON BLEU

PEACEFUL WATERS

NAVAJO JEWEL

CODICIL

• **Vers le bleu nuit** – Il n'y a pas pléthore de vrais bleus sombres ; en effet, l'obtention de ceux-ci passe par des croisements avec des pourpres foncés ou des violets foncés, d'où la difficulté à éliminer toute trace de violet. BRISTOL GEM (Leavitt 64) fut un des premiers bons bleus soutenus. MEMPHIS BLUES (Schreiner 87/photo p. 89) et PLEDGE ALLEGIANCE (Schreiner 84), versions modernes des bleus profonds, sont de toute beauté.

• **Les nouveaux bleus** – Autrefois à barbe blanche, bleutée, violette ou jaune, les bleus se voient maintenant ornés de chenilles mandarine, rouge et bientôt noire. Placez côte à côte deux bleus identiques, l'un à barbe rouge et l'autre à barbe blanche, et vous verrez aussitôt la différence, le signal qu'apporte une barbe de couleur vive. SKYBLAZE (Keppel 86) et CODICIL (Innerst 85) sont deux bons exemples de qualité de cette nouvelle tendance.

Depuis le début des années 80 sont apparus des bleus « délavés » ou des blancs bleutés infusés plus ou moins fortement de bleu : HONKY TONK BLUES (Schreiner 88), issu de bleus moyens à soutenus, médaille de Dykes 1995, et OLYMPIAD (Ghio 84), issu d'un bleu et d'un lavande, constituent un apport intéressant pour le jardin.

HONKY TONK BLUES

SKYBLAZE

Chatoyants pourpres et violets

Voilà une teinte bien courante chez nos grands Iris, pas à négliger pour autant : DUSKY CHALLENGER (Schreiner 86/médaille de Dykes 1992/photo p. 92), violet pourpré profond, chatoyant comme de la soie, aux barbes de la même teinte, d'une vigueur et d'une floribondité hors pair, est la perfection même dans cette gamme ; de plus, il distille un parfum de poudre de cacao sensible et agréable. LOYALIST (Schreiner 86/photo p. 93), violet magenta vif et velouté, de forme superbe, florifère et très vigoureux, mérite lui aussi des éloges.

◁ OLYMPIAD

91

A la recherche de la perle noire

L'Iris noir existe-t-il ? Non, sauf sous certains éclairages, bien entendu ! Depuis 1930, l'on cherche, en croisant entre eux les violets, les bleus, les pourpres les plus obscurs pour tendre vers le noir. L'Iris *aphylla* (série *Elatae*) serait à l'origine de nos « noirs » actuels, car porteur d'un facteur d'intensification qu'il transmettrait à ses semis. STUDY IN BLACK (Plough 68) est un « noir » à reflets rouge violet noir pourpré déjà bien sombre. BLACK OUT (Luihn 86), plus récent, violet noir velouté, nous rapproche encore du but ; avec HELLO DARKNESS (Schreiner 1992), on y croirait.

STUDY IN BLACK

LOYALIST

HELLO DARKNESS

PINK TAFFETA

CARVED CAMEO

OVATION

Depuis qu'ils sont apparus, les Iris roses demeurent parmi les favoris des amateurs et sans doute aussi des professionnels.

Commencée dès 1920, la quête du vrai rose continue encore de nos jours, et ce pour une intensité et une pureté supérieures. Avant l'arrivée dans les années 40 des roses à barbe mandarine, les roses étaient plutôt rose orchidée, voire nettement lavande, dérivant de l'*Iris pallida* diploïde. David Hall, juge attorney de son état, fait partie des meilleurs contributeurs au développement des Iris avec la création des roses dits « roses flamant rose » (« HALL'S FLAMINGO PINKS »). Féru de génétique, ses recherches débutent en 1926 pour aboutir en 1942 aux premiers bons sujets roses à barbe mandarine. Peu prolixe mais fidèle à ses objectifs, voici ce qu'en 1958, il écrivait : « Imaginez mon émotion et ma satisfaction d'avoir atteint mon but après 17 ans de recherche, ayant cultivé pour cela environ 20 000 semis... » L'avenir lui donna raison et ses Iris roses furent couronnés de succès : témoins VANITY FAIR (1950), HAPPY BIRTHDAY (1952), MAY HALL (1952). Jusqu'en 1975, 110 variétés dérivant de croisements d'Iris roses à barbe mandarine obtinrent des « Award of Merit », parmi elles, 103 étaient issues de cultivars de David Hall. L'apport majeur et essentiel de Hall à la beauté et à la diversité des Iris est le transfert de la barbe mandarine à des Iris de divers coloris, grâce notamment à l'apparition de variations dans ses lignées de roses.

Avant d'aborder la large palette des roses récents, il nous faut citer aussi Orville Fay, créateur de MARY RANDALL (1950) qui est aux Iris roses ce que SNOW FLURRY est aux blancs. Nombre d'hybrideurs l'ont utilisé dans leurs lignées, obtenant ainsi de très nombreuses nouveautés. Voici ce que Fay disait en 1964 : « Dès que je vis la première fleur, je sus que cette plante était exactement ce que je voulais... combinée avec SNOW FLURRY, PINK CAMEO, FLEETA et NATIVE DANCER, elle a produit tous mes "bleu orchidée" à barbe rouge... MARY RANDALL contient assez de gènes pour produire à partir du rouge des oranges lorsqu'on la croise avec des jaunes dérivant de roses... » (*The World of Irises*/Warburton... Hamblen).

Loin de garder pour lui le pollen de sa découverte, Fay le distribua à d'autres hybrideurs pour leur plus grand bonheur. Ainsi naquirent :
- PINK TAFFETA (Rudolph 68), médaille de Dykes en 1975, le premier Iris rose à obtenir cette distinction depuis CHÉRIE en 1951 ;
- CARVED CAMEO (Rudolph 72) : rose nacré à barbe rose, fleur très solide et superbement ondulée ;
- ONE DESIRE (Shoop 60) : rose vif et pur non saumon à barbe rouge cerise, encore considéré actuellement comme un très bon rose ;
- OVATION (Tompkins 69) : rose exceptionnel par l'intensité et la profondeur du coloris. Encore présent en 1995 dans les catalogues des plus grands producteurs du monde ;
- PRETTY PLEASE (Tompkins 72) : rose saumoné très clair à barbe orange. Grande fleur très solide. Descendant d'OVATION.

Le nombre d'Iris roses en circulation aujourd'hui est énorme : voici quelques-unes des très bonnes variétés actuelles :
- VANITY (Hager 74), médaille de Dykes 1982, rose tendre à barbe rouge corail. Très vigoureux, prolifique et florifère ;

PINK SWAN

GOODBYE HEART

COMING UP ROSES

– BEVERLY SILLS (Hager 78), médaille de Dykes 1985. Issu de VANITY, il en a hérité l'étonnante floribondité. Rose corail intense à barbe rose vif ;
– ROSE (Gaulter 78) : vieux rose ou rose cyclamen vif à barbe bien rouge ;
– PINK SWAN (Gibson 84), rose flamant rose à barbe rouge cerise ;
– PRÉSENCE (Gatty 87), rose très léger de très belle forme ;
– PERLE ROSE (Cayeux 88, photo p. 87), également issu de VANITY, c'est un rose bien vif à fleurs de taille moyenne bien disposées et nombreuses ;
– GOODBYE HEART (Schreiner 89) : rose pêche et rose vif teinté lavande. Fait partie des nouveaux roses deux tons. Excellent à tous points de vue !
– CORAL SUNSET (Schreiner 90) : rose abricot s'éclaircissant au centre des sépales. Barbe mandarine ;
– COMING UP ROSES (Gaty 92) : le plus frisé des roses ;
– STARLETTE ROSE (Cayeux 96) : rose crevette à longue floraison. Fleurs de taille moyenne très harmonieuses. Un rose très intense.

LES TONS CHAUDS

Là, encore, les grands Iris répondent présent : jaunes, orange, bruns, rouges... sont largement déclinés et apportent au jardin des lumières délicates ou flamboyantes !

Comme le signale le docteur Boussard dans la préface de cet ouvrage, l'obtention d'un grand Iris à fleurs rouges demeure le rêve de tout obtenteur. Hélas, la pélargonidine responsable de la coloration rouge n'existe pas dans les cellules de notre plante. A moins donc d'une mutation permettant la synthèse de ce pigment, nous ne verrons jamais d'Iris vermillon, comme peuvent l'être par exemple les hémérocalles ou les pivoines ; mais, chez ces dernières, le bleu est absent, alors...

Mission impossible un Iris rouge

SULTAN'S PALACE

Un hybrideur anglais, A. J. Bliss, est à l'origine du développement des Iris « rouges » : CARDINAL (Bliss 1919), issu du croisement de DOMINION (bleu pourpré de deux tons) et de TROSUPERBA, a servi à de nombreux obtenteurs américains, bien que cette variété n'ait eu de rouge que le nom. ALCAZAR (Vilmorin 1910, violet deux tons) fut aussi utilisé outre-Atlantique pour l'approche du rouge. Parmi les pionniers de cette « mission impossible », deux noms sont à retenir :
- Tompkins, obtenteur de DÉFIANCE en 1953, Iris marquant dans la lignée des rouges.
- Schreiner, qui développa sa propre lignée, dont sont issus plusieurs rouges importants : VITAFIRE (1968), rouge deux tons, un des premiers à posséder une forme légèrement ondulée, et SULTAN'S PALACE (1977), rouge-marron très velouté et bien uniforme, vigoureux et florifère.

Actuellement, même parmi les variétés les plus récentes, nous sommes encore très loin du rouge vermillon et nous ne sommes pas sûrs, malgré les efforts entrepris, qu'existent des rouges plus écarlates que VITAFIRE, créé il y a bientôt trente ans. Voici donc quelques Iris dits rouges :
- WAR SAILS (Schreiner 84) : rouge brique d'une teinte plutôt rare. Vigoureux, florifère ;
- WINE MASTERS (Keppel 86) : rouge vin deux tons à l'exceptionnel velouté. Tige très branchue, jusqu'à 12 boutons ;
- LADY FRIEND (Ghio 81) : un coloris à part, entre rose et rouge ou framboise très soutenu, barbes rouge orangé ;
- EVER AFTER (Keppel 86) : rouge mûre uniforme et soutenu. Quelque chose de très nouveau dans la classe des « rouges » ;

WAR SAILS

LADY FRIEND

MULLED WINE

- GALLANT MOMENT (Schreiner 80) : rouge bruni à forte tige branchue. L'un des premiers à s'épanouir ;
- FORT APACHE (Schreiner 82) : rouge rubis. Jusqu'à 12 boutons par tige. L'un des meilleurs ;
- MULLED WINE (Keppel 82) : mélange de rouge pourpre et rouge mûre à légers reflets abricot près des barbes bronze.

A part les chrysanthèmes, seuls les Iris offrent à la fois la facilité de culture et un choix diversifié dans cette classe de coloris. C'est à Ferdinand Cayeux que l'on doit le départ de ces tons si appréciables et ce, grâce à la création de deux variétés :
– JEAN CAYEUX (F. Cayeux, 1931) : (PHRYNÉ × BRUNO) × Ochracea cœrulea. Havane clair nuancé or. Légère tache lilas sur les sépales ;
– LOUVOIS (F. Cayeux, 1936) : chocolat deux tons.

En 1942, un Américain, Kleinsorge, crée un variété essentielle : TOBACCO ROAD (= AZTEC COOPER × [FAR WEST × JEAN CAYEUX]). Sa descendance est exceptionnelle, donnant aussi bien des cuivre, des bruns ou des rouges.

Sonate d'automne bruns & cuivres

JEAN CAYEUX

DUTCH CHOCOLATE

HONEY CYHIFFON

◁ OLA KALA (jaune)
CASCADE SPLENDOR (cuivre)

COPPER CLASSICS

BOHEMIAN

Si beaucoup de bruns ou de bruns cuivrés sont bien d'une teinte uniforme, il en existe aussi un certain nombre qui montrent des dégradés de couleurs. On retrouve notamment des traces de bleu lavande ou de violet sur les sépales, souvent sous les barbes. BOHEMIAN présente ces marques. Ce phénomène d'infusion de teintes provient du fait que le brun n'est pas dû à un pigment unique mais au mélange ou plutôt à la superposition de deux pigments différents.

Si nous devions désigner nos préférés parmi les bruns et cuivre actuels, nous choisirions :
- COPPER CLASSICS (Roderick 79) : cuivre rouge tendre ou orange cuivré à nette barbe mandarine ;
- RUSTIC CEDAR (Schreiner 81) : miel cuivré doux et chaud rehaussé de brun clair au cœur ;
- TRAIL WEST (Schreiner 86) : cuivre rouge, illuminé d'or autour de la barbe jaune ;
- CALIPH (Ghio 87) : fils de COPPER CLASSICS, marron intense, teinté sépia au centre des sépales ;
- FANCY BRASS (Schreiner 87) : fils de RUSTIC CEDAR, cuivre jaune à marques brun vif à la gorge ;
- BOHEMIAN (Schreiner 88) : pétales tan brillant, sépales jaune beurre cuivré nettement infusés de lavande au centre ;
- HARVEST KING (Schreiner 90) : pétales tabac et sépales jaune tan doré. Variété supérieure !

Le fait que, sur les sept choisis, cinq soient des obtentions de la famille Schreiner prouve seulement que la persévérance dans le suivi de ses propres lignées est souvent récompensée.

TRAIL WEST

Du plus tendre pastel au plus somptueux des ors, les Iris jaunes éclairent avec bonheur nos jardins contemporains. Tel n'était pas le cas au siècle dernier. Avant 1900, les Iris barbus jaunes étaient extrêmement rares et, de plus, ils présentaient souvent des stries brunâtres dérivant de l'Iris variegata ou étaient pratiquement blancs.

***Lumière du jardin
les jaunes***

• **De 1900 à 1930** – En 1918, Grace Sturtevant crée SHEKINAH, puis en 1924 GOLD IMPERIAL. Dans ces mêmes années, Dykes (en Angleterre) sort PERDITA, Vilmorin (en France) la variété CHASSEUR et F. Cayeux la variété PLUIE D'OR. Ces variétés sont alors considérées comme de très bons jaunes. Plus lent à venir que dans les autres coloris, le passage de l'état diploïde à l'état tétraploïde a lieu en 1926 avec la naissance de W.R. DYKES (jaune pur ainsi nommé en souvenir de son obtenteur disparu l'année précédente).

• **Les années 30** – La France et l'Angleterre font de grands pas dans l'obtention d'Iris jaunes. G. P. BAKER (Perry 1930), GOLDEN HIND (Chadburn 1934/GOLD IMPERIAL × W.R. DYKES) et SAHARA (Pilkington 1934/BRUNO × W.R. DYKES) obtiennent tous les trois la médaille de Dykes anglaise. ECLADOR (Cayeux 1932/FANTASIO × PLUIE D'OR) et ALICE HARDING (Cayeux 1933/ICEBERG × EVOLUTION) obtiennent la médaille de Dykes française.

Dans le même temps, Schreiner entreprend avec succès un croisement délicat : W.R. DYKES (tétraploïde) par PLUIE D'OR (diploïde de Cayeux). Il crée ainsi en 1936 GOLDEN TREASURE, variété qui devient vite populaire (on peut noter que PLUIE D'OR est issu de deux jaunes parmi les meilleurs dans les années 20 : SHEKINAH et CHASSEUR).

• **A partir de 1940** – L'Europe perd la médaille... d'or, la ruée vers... l'or ayant bien lieu aux États-Unis. Entre 1940 et 1950, deux Iris jaunes obtiennent la médaille de Dykes :
– SPUN GOLD (Glutzbeck 1940), médaille de Dykes 1944. Dans ses ascendants, on retrouve W.R. DYKES, VERT GALANT (Cayeux 1929), DÉPUTÉ NOMBLOT (Cayeux 1929) ;
– OLA KALA (Jacob Sass 1941), médaille de Dykes 1948 (photo p. 97 avec CASCADE SPLENDOR). De 1947 à 1955, il resta en tête du hit-parade américain des Iris. Sa couleur jaune d'or, sa forme déjà bien moderne et sa bonne tenue en firent une variété très utilisée en hybridation.

EASTERTIME

Une surprise de taille : la création de jaunes à partir des croisements de roses à barbe mandarine – Résultat inattendu mais particulièrement satisfaisant, car ce type d'hybridations apporta aux jaunes un modelé, des ondulations et un éclat que l'on ne trouvait pas dans la voie habituelle.

A partir de là apparurent les premières variétés à pétales jaunes et sépales blancs bordés de jaune, tel DEBBY RAIRDON (Kuntz 1964), récompensé par la médaille de Dykes en 1971. Dans cette même catégorie naît en 1980 EASTERTIME (Schreiner), issu de WHITE TAFFETA (blanc à barbe mandarine), MAY DELIGHT (rose), CHRISTMAS TIME (blanc à barbe rouge) entre autres.

Une palette de jaunes actuels

– BIG DIPPER (Brown 81) : jaune très clair à barbe jaune moyen (issu de jaunes et de semis roses) ;
– RISING MOON (Schreiner 83) : jaune citron brillant éclairci au niveau des sépales. Très grandes fleurs solides ;
– GOLD TRIMMINGS (Schreiner 77) : jaune d'or infusé de grandes marques crème. Sans équivalent ;
– BOLD GOLD (Gatty 86) : jaune d'or ultra vif à barbe presque orange. Forme et tenue impeccables ;

BIG DIPPER

GOLD TRIMMINGS

AMBER TAMBOUR

LOUIS D'OR

– TUT'S GOLD (Schreiner 79) : entre jaune d'or et jaune soufre uniforme, aspect velouté inhabituel chez les jaunes ;
– AZTEC SUN (Dyker 81) : jaune d'or intense très ondulé et de forme parfaite ;
– AMBER TAMBOUR (Ernst 91) : jaune ambré à barbe orange ambré. Très bonne substance. Légères ondulations (issu d'un rose saumon et d'un jaune à sépales marqués comme un plicata) ;
– LOUIS D'OR (Cayeux 96) : difficile de trouver jaune plus éclatant, jaune d'or ou jaune de cadmium parsemé de fines stries brun clair autour de la barbe jaune d'or.

Les tons pêche et abricot apparurent en même temps que les roses à barbe mandarine. Malgré ce, ils ne rencontrèrent pas chez les hybrideurs beaucoup de passion, ceux-ci étant plus préoccupés par l'amélioration des roses, ce qui correspond d'ailleurs à l'élimination de la nuance abricot.

De l'abricot à l'orange

CORAL SUNSET

ROGER RENARD

De nos jours, cette tendance semble continuer car l'on cherche plutôt à intensifier les orange pour se rapprocher de la couleur du fruit du même nom. En fait, l'abricot est une teinte de transition et il est parfois difficile de classer une variété, témoin APHRODISIAC : est-ce un rose abricot ou un abricot rosé ?

Quoi qu'il en soit, ces tons doux sont fort utiles au jardin et voici quelques bons exemples :

– DELFT TOUCH (Tompkins 77) : abricot tendre éclairci au centre des sépales ornés d'une barbe orange ;

– ROGER RENARD (Cayeux 78) : pétales abricot orangé, sépales jaune abricot et barbe minium ;

– PIROSKA (Cayeux 78) : abricot orangé uni à barbe minium. Variété appréciée au Chelsea Flower Show en 1993. Frère de semis de ROGER RENARD ;

– SMOOTH TALK (Gartman 81) : pétales orange rosé et sépales abricot. Barbe orange ;

– APHRODISIAC (Schreiner 86) : abricot rosé ou rose crevette saumoné très pur, éclairci sous la barbe par une zone blanc rosé. Coloris très frais.

La frontière entre l'abricot et l'orange est, elle aussi, assez ténue et, suivant les éclairages ou les yeux des obtenteurs, un Iris peut passer d'une classe à l'autre. Parmi les premières variétés, dites orange, l'on peut citer :

– GLAZED ORANGE (Schreiner 69) : orange abricot à barbe mandarine. Issu de roses et d'orange ;

– SPANISH GIFT (Shoop 64) : orange uni à très belle barbe minium.

Depuis les années 60, la course à l'orange vif continue aussi bien aux États-Unis qu'en Europe avec des résultats intéressants, notamment au niveau de l'amélioration de la vigueur, de la prolificité et du branchement ; en effet, il y a 25 ans, la rusticité des orange était un peu aléatoire.

APHRODISIAC

MANDARIN

AVALON SUNSET

Parmi tous les orange existants, en voici six de bonne qualité :
- SUPERSIMON (Parker 77) : intéressant pour sa vigueur et ses hampes bien branchues, même si ce n'est pas le plus intense au niveau du coloris ;
- SKYFIRE (Schreiner 80) : un orange pur et chaud à barbe minium qui reste l'un des meilleurs actuellement ;
- OKTOBERFEST (Maryott 85) : orange légèrement rosé très uniforme aux pièces florales bien larges, qualité rare dans cette gamme ;
- MANDARIN (Cayeux 89) : issu de SKYFIRE. Floraison tardive. Effet orange garanti bien que, de près, ce soit une superposition de rose sur abricot vif (surtout sur les sépales) ;
- FEU DU CIEL (Cayeux 93) : à notre avis, l'orange le plus intense et surtout particulièrement prolifique. Parfum de poudre de cacao. Issu de MANDARIN ;
- AVALON SUNSET (Schreiner 94) : considéré par la famille Schreiner comme leur meilleur orange à ce jour. Branche exceptionnelle (8 à 10 boutons) et fleurs d'excellente substance.

Avec les orange, nous quittons le monde des Iris unicolores pour celui des multicolores, où les hybrideurs ont largement laissé libre cours à leur imagination.

UN FEU D'ARTIFICE DE COULEURS

Bicolore, bitone, variegata, amoena, plicata, amoena-plicata sont les termes qui qualifient les Iris de plusieurs teintes.

Avant d'aller plus loin dans ce chapitre, en voici les définitions :
- **bicolore** : pétales et sépales de deux couleurs différentes ;
- **bitone** : pétales et sépales de même couleur mais de tons différents ;
- **variegata** : pétales jaunes ou proches du jaune, sépales rouges ou s'en approchant ;
- **amoena** : jusqu'à 1952, ce terme ne désignait que les Iris aux pétales blancs et sépales bleus à violets. Depuis, il regroupe tous ceux à pétales blancs et sépales colorés afin de ne pas compliquer cette classification par couleurs ;
- **plicata** : pièces florales à fond blanc ou jaune bordé ou piqueté d'un autre coloris ;
- **amoena-plicata** : qualificatif assez récent désignant des fleurs aux pétales unis et sépales du genre plicata.

SULTANE

HARMONIE

C'est aux Français Jacques, Lémon et Verdier que l'on doit l'apparition des premiers Iris bicolores dans les catalogues de 1820 à 1870, mais il faudra attendre le début du XXᵉ siècle et le travail de la famille Vilmorin pour noter une évolution significative dans ce domaine, ces derniers reprenant en particulier le travail de la famille Verdier.

Parmi ces anciens bicolores diploïdes citons : VICTOIRE (Lémon 1848), SULTANE (Lémon 1840), PROSPER LAUGIER (Verdier 1914).

De la même façon que chez les Iris unicolores, le passage de l'état diploïde à l'état tétraploïde provoqua de grandes améliorations. Entre 1930 et 1940, Américains et Français obtiennent de nombreux bicolores fameux, sources de l'arc-en-ciel dont nous disposons aujourd'hui. Ferdinand Cayeux sort notamment NENE (1928), CAÏD (1929), MARQUITA (1931), MADAME MAURICE LASSAILLY (1931), HARMONIE (1938).

Aux États-Unis, un grand pas est fait par Williamson lorsqu'en 1936, il enregistre la variété WABASH aux pétales blancs et sépales pourpre bleuté bordés de blanc. Cette variété, qui obtint en 1940 la médaille de Dykes, est à l'origine du développement des amoena.

Les amoena

Entre 1820 et 1940, les amoena étaient particulièrement rares. Pourtant, durant ces années, de très nombreux bicolores naquirent. En 1946, Jesse Wills (États-Unis) en donnait l'explication suivante : « Les croisements entre amoena et même ceux entre amoena et autres bicolores sont difficiles à réussir ; de plus, le taux de germination des graines ainsi obtenues est inférieur à la moyenne. Quant au développement des plantules, il est lent surtout la première année, ce qui retarde encore la floraison et donc le jugement des Iris venant de ces hybridations. »

Wills parvint aussi aux conclusions suivantes : le caractère « pétales blancs » est récessif et l'obtention d'amoena jaunes est plus aisée que celle d'amoena bleus.

A partir des observations et résultats de Wills, Randolph (États-Unis, éditeur de *Garden Irises*, the American Iris Society 1959) décida de lancer un programme sur le déterminisme génétique de l'obtention d'amoena.

Si WABASH (Williamson 1931) fut un Iris marquant dans cette catégorie, il en est de même de PINNACLE, obtention australienne (Stevens 1945), amoena jaune aux pétales blancs et sépales jaune pâle.

• **Amoena jaunes** – Depuis PINNACLE, cinquante années se sont écoulées et nous possédons maintenant des amoena jaunes bien purs et brillants, tels :
– NEUTRON DANCE (Blyth 87) : blanc pur et jaune beurre doré à barbe or ; à notre avis, le meilleur amoena jaune vif à ce jour ;
– PERFECT INTERLUDE (Schreiner 83) : pétales blancs ondulés, sépales jaune citron pâle. Coloris très doux.

• **Amoena roses, amoena « orange »** – Il suffit de feuilleter les catalogues des plus grands producteurs d'Iris en Europe, en Australie et aux États-Unis pour s'apercevoir qu'il n'existe pas encore d'amoena rose bien rose ni d'amoena orange bien vif : des progrès restent à faire... heureusement !

NEUTRON DANCE

PINNACLE

CAPRICE

104

Stevens, en croisant PINNACLE avec des roses puis en recroisant ensemble les semis ainsi obtenus, fut l'un des premiers à approcher d'un amoena rose. Schreiner suivit la même méthode dans les années 60, avec lui aussi, des résultats corrects. Un autre hybrideur américain mérite d'être mentionné : en 1973, Georges Shoop crée PEACH SPOT, aux pétales blancs et sépales à tache pêche rosé cernée de blanc, une excellente variété encore présente dans les catalogues actuels.

Chez nous, avant les années 80, seul Jean Cayeux réalise des hybridations à grande échelle. Il obtient dans la catégorie de ces amoena :
- CAPRICE (1975) : pétales blancs, sépales rose pâle ;
- PÊCHE MELBA (1978) : pétales blancs, sépales isabelle orangé à barbe minium ; exemple intéressant car il est issu de variegata (GRAND CHEF), d'orangés (ORANGE PARADE) et d'amoena (POST SCRIPT).

De 1980 à aujourd'hui, l'amélioration est nette, en grande partie grâce à un hybrideur australien, Barry Blyth (obtenteur de NEUTRON DANCE). Parmi ses obtentions, citons :
- CAMEO WINE (Blyth 82) : pétales rose léger, sépales rose cyclamen. Ce n'est pas à proprement parler un amoena rose, plutôt un rose deux tons ; cependant, c'est un excellent parent pour l'obtention d'amoena rose à abricot (témoins ENGLISH CHARM, MAGAHREE et CRÈME GLACÉE photo de couverture) ;

ENGLISH CHARM

BEACH GIRL

- ENGLISH CHARM (Blyth 89) : pétales crème et sépales abricot bordé crème. Presque un amoena abricot. De plus, il refleurit souvent à la fin de l'été (origine = [LOVE CHANT × FESTIVE SKIRT] × CAMEO WINE) ;
- MAGAHREE (Blyth 86) : pétales blancs légèrement infusés de rose, sépales rose orchidée à grande barbe mandarine ; frère de semis d'ENGLISH CHARM ;
- BEACH GIRL (Blyth 83) : bel amoena abricot orangé aux nombreuses fleurs et à caractère remontant ; énorme potentiel génétique (origine = CHAMPAGNE SNOW × [LOVE CHANT × FESTIVE SKIRT]).

L'on peut souligner les origines extrêmement voisines de ces quatre variétés et les différences existant entre elles. A notre avis, leur descendance sera importante.

9086 C

En France, Pierre Anfosso, à partir des lignées de BLYTH, sort en 1990 l'Iris FONDATION VAN GOGH, amoena abricot d'excellente forme, caractère encore rare chez ce type d'Iris.

De notre côté, nous continuons à rechercher le véritable amoena rose en étant maintenant très près du but avec CRÈME GLACÉE (R. Cayeux, 1994, photo de couverture). Pétales blanc pur et sépales très roses à raie médiane crème et nette barbe rouge. Le contraste du blanc et du rose est très bon (origine = CAMEO WINE × [NEIGE DE MAI × GYPSY DREAM]).

En recroisant CRÈME GLACÉE par un de nos semis (issu de PEACH SUNDAE, PÊCHE MELBA et SNOW PEACH), nous avons obtenu des Iris très prometteurs qui seront sans doute enregistrés dans les années futures (voir illustrations des semis frères n° 9086 A et 9086 C ci-contre).

9086 A ▷

FALL FIESTA

D'autres hybrideurs américains explorent la même voie et, parmi les plus récentes obtentions, les meilleurs nous semblent être : JAZZED UP (Schreiner 94), amoena rose lavande à très grosse fleur et très florifère et FALL FIESTA (Schreiner 92), amoena miel cuivré très chaud.

• **Amoena bleus, violets, « rouges »** – On ne saurait aborder cette gamme de coloris sans évoquer le très important travail de Paul Cook. Son programme de création d'amoena débuta en 1939 et de façon accidentelle, son dessein étant alors l'obtention de grands Iris plus bleus.

En 1944, il croisa un semi de *I. Reichenbachii* (Pogoniris, série Pumilae) avec un Grand barbu bleu, SHINING WATERS. Un des Iris ainsi né fut recroisé avec SHINING WATERS, avec pour résultat l'apparition de nouveaux amoena de grande qualité. Au vu de ces résultats, Cook nomma de façon prémonitoire le semis de *I. Reichenbachii* par SHINING WATERS : PROGENITOR.

Par la suite, Cook continua son travail de sélection avec beaucoup de finesse, ce qui le conduisit à la variété WHOLE CLOTH, enregistrée en 1956, médaille de Dykes en 1962, aux pétales blancs et sépales bleu-violet. En 1957, il créa une autre variété essentielle, EMMA COOK, elle aussi descendante de ses semis d'*I. Reichenbachii* croisés avec de grands Iris bleus mais différente, puisque les sépales sont blancs nettement bordés sur 1 cm de bleu-violet.

Paul Cook était un visionnaire. Ainsi, à la fin de sa vie, il élabora des programmes de croisements partant de lignées de PROGENITOR avec d'autres Iris et visualisant dans sa tête de nouvelles combinaisons de couleurs : amoena pourpres, violets voire noirs, Iris aux pétales blancs et sépales de type plicata, etc.

Un de ses programmes était destiné à la création d'amoena à barbe rouge. L'avenir lui a donné raison puisqu'aujourd'hui existent des amoena bleus à barbe rouge même s'ils ne sont pas parfaits, des amoena rose à barbe rouge...

L'apport de Paul Cook au monde des grands Iris barbus est considérable. Il restera longtemps encore comme un des plus grands noms dans ce domaine prouvant qu'une réflexion approfondie est à la base de toute recherche de nouvelles associations de coloris.

WHOLE CLOTH

• **Amoena bleus à violets, pourpres** - Les plus grands hybrideurs actuels ont utilisé WHOLE CLOTH pour arriver aux amoena des années 90. Avant de revenir en France et à nos lignées, voici les meilleurs existant aux États-Unis :
- RUFFLED BALLET (Roderick 75) : pétales blancs à peine bleutés sur sépales azur. Médaille de Dykes 1983 ;
- SWEETER THAN WINE (Schreiner 88) : pétales blancs à peine rosés sur sépales entre prune et bordeaux velouté ;
- WORLD CLASS (Hager 88) : amoena fuchsia pourpré net aux fleurs de très grande taille ;

SWEETER THAN WINE

◁ RUFFLED BALLET

107

– SIERRA GRANDE (Schreiner 92) : issu de PLEDGE ALLEGIANCE, bleu soutenu uni et de GLISTENING ICICLE, bleu deux tons, c'est un splendide amoena aux sépales bleu moyen pur et d'une forme parfaite.

Chaque hybrideur oriente sa création en fonction de ses goûts personnels et s'il est un domaine où Jean Cayeux s'investit, c'est bien celui des amoena bleus à violets avec l'apport de la barbe rouge sur ce type de fleurs.

Le point de départ est la variété CONDOTTIÈRE (J. Cayeux 78), bleu deux tons à barbe mandarine à grande fleur très bien formée, étape importante car c'est l'un des premiers bleus deux tons à barbe orange. Le pedigree de CONDOTTIÈRE est intéressant ; on y retrouve, en effet, deux notions décrites dans les pages précédentes : l'utilisation d'EMMA COOK et de WHOLE CLOTH pour le caractère amoena et celle de roses à barbe mandarine pour le transfert de cette barbe sur du bleu (la variété rose étant TAHITI SUNRISE).

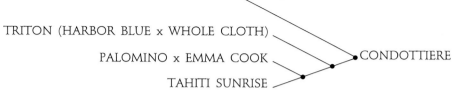

FALBALA (J. Cayeux 78/bleu lavande à barbe rouge)

TRITON (HARBOR BLUE x WHOLE CLOTH)

PALOMINO x EMMA COOK

TAHITI SUNRISE

CONDOTTIERE

SEMIS CAYEUX 8109 A

L'étape suivante se situe en 1981 : lors d'un voyage aux États-Unis, en visite chez Georges Shoop, nous découvrons l'Iris DELPHI (Shoop 79), issu d'amoena bleus avec bien sûr WHOLE CLOTH dans ses ascendants et lui aussi porteur d'une barbe orange à rouge. Shoop, avec générosité, nous donne quelques étamines que nous conservons avec soin lors du vol retour pour déposer leur précieux pollen sur CONDOTTIÈRE dès notre arrivée en France. De là naît un semis très important numéroté 8109 A, blanc et bleu très pâle à barbe rouge. 8109 A n'étant pas suffisamment coloré, il fallut le recroiser avec d'autres semis descendants de CONDOTTIÈRE :

ALIZES
= ([6507 A x CONDOTTIERE] x PINK TAFFETA)

CONDOTTIERE x LUNAR RAINBOW

8109 A
8234 A
Semis 84109

De cette hybridation sont nées quatre excellentes variétés, toutes frères (ou sœurs), ce qui est assez rare pour un seul et unique croisement :
– BAL MASQUÉ (J. Cayeux 91) : ce n'était pas le but recherché puisque les sépales sont violet pensée velouté ; cependant, le contraste est saisissant et unique à ce jour ;
– REBECCA PERRET (J. Cayeux 92) : classé 16e à la convention américaine des Iris en 1994, sa forme, la taille de ses fleurs et sa délicate bordure bleu pâle sur les sépales porteurs d'une barbe orange en font une variété supérieure ;
– VIVE LA FRANCE (J. Cayeux 91) : sépales plus bleus que REBECCA PERRET, avec un centre blanc moins important et une barbe plus rouge ; il illustre presque notre drapeau national ;
– MARBRE BLEU (J. Cayeux 93) : bien que généralement la sélection fasse rejeter les fleurs à sépales striés, ici cela donne à l'ensemble une grande élégance.

BAL MASQUÉ

REBECCA PERRET

MARBRE BLEU

D'autres amoena aux origines voisines sont nés chez nous :

– ALIZÉS (J. Cayeux 89) : avec SIERRA GRANDE, c'est sans doute le meilleur amoena bleu actuellement. Le bleu des sépales, azur à moyen, est absolument bleu, l'ensemble est d'une grande fraîcheur et la plante très prolifique ;

– DELTAPLANE (R. Cayeux 91) : issu directement de CONDOTTIÈRE, il présente des sépales d'un bleu indigo peu commun (1er prix au concours d'Iris de Moscou en 1994, 4e prix du concours d'Orléans en 1995) ;

– PARISIEN (J. Cayeux 94) : l'un de nos derniers-nés. Pétales blanc crayeux et sépales pratiquement entièrement bleus à barbe rouge. Il illustre bien le caractère visionnaire de Paul Cook, qui songeait il y a bientôt 40 ans à ce type d'Iris.

◁ PARISIEN

ALIZÉS

DELTAPLANE

• **Amoena « rouges »** – Bien sûr, rouge entre guillemets ! Quoi que REPARTEE (Smith 66) montre des sépales d'un rouge particulièrement vif pour un Iris (plus rouge d'ailleurs que ce que l'on peut trouver dans les unicolores). ECSTATIC ECHO (Dahling 83), aux pétales très légèrement rosés et aux sépales rouge cuivré bordés de blanc rosé, est lui aussi assez unique en son genre.

Dresser une liste exhaustive de tous les bicolores existant ne serait pas raisonnable, le matériel génétique dont disposent les hybrideurs permettant pratiquement d'associer ensemble tous les coloris avec évidemment, parfois, plus ou moins de bonheur.

Nous allons donc passer en revue, en essayant de ne pas trop en oublier, les meilleurs bicolores des dernières années.

Bitones et bicolores

ECSTATIC ECHO

• **Bitones** – A part les bleu-violet, les roses et les rouges, il n'existe pas, ou presque, d'autres Iris où l'on retrouve deux tons d'un même coloris sur une même fleur, ou bien le phénomène bitone ne se remarque pas :
– PROUD TRADITION (Schreiner 90, photo p. 112) : pétales bleu argenté et sépales bleu marine, aucun soupçon de violet ne venant gâcher la pureté du bleu. Extra. ;
– TOURBILLON (J. Cayeux 88) : pétales bleu pâle et sépales bleu-violet à barbe mandarine. Grosses fleurs ;
– IN TOWN (Blyth 88) : pétales bleu tendre teinté lavande, sépales bleu pourpré très velouté ornés d'une fine bordure lavande et d'une barbe mandarine.

A part GOODBYE HEART déjà cité dans la gamme des roses, nous recommandons :
– TOP GUN (Gaulter 88) : pétales crème rosé sur sépales rose cyclamen à barbe orange ;

◁ IMPRESSIONIST

– IMPRESSIONIST (Ghio 88) : fabuleuse variété aux pétales rose soutenu infusé de saumon sur sépales rose framboise (à la limite du rouge) à raie médiane plus claire. Un Iris vraiment nouveau.

• **Bicolores** – Faire un choix se révèle vraiment périlleux. Toutefois, parmi les plus populaires depuis une quinzaine d'années et occupant la pole-position, l'on trouve des bicolores aux pétales jaunes et sépales bleu-violet :
– EDITH WOOLFORD (Hager 86) : pétales jaune canari et sépales bleu-violet s'intensifiant vers le centre. La plante est parfaite et c'est tout naturellement que la médaille de Dykes lui a été décernée en 1993 ;

- TUMULTUEUX (R. Cayeux 95, photo p. 114) : c'est un fils d'EDITH WOOLFORD, qui s'en différencie par une nette bordure bronze sur les sépales et un rapport de teintes plus gai bien que proche.

Sans ordre particulier et sans se lancer dans leur généalogie, voici d'autres bicolores séduisants :
- ADVENTURESS (Hamblen 84) : pétales rose lavande, sépales violet rosé à barbe orange rouille ;
- JAZZ FESTIVAL (Schreiner 94) : un bicolore géant aux pétales crème chamoisé clair et aux sépales rose cerise soutenu ;
- HORTENSE (Cayeux 91) : pétales crème rosé et sépales violet pensée à barbe rouge ;
- RUFFLED SURPRISE (Rudolph 80) : pétales chamois clair infusé de pourpre, sépales ivoire nettement bordé jaune vif ;

AFTERNOON DELIGHT

◁ RUFFLED SURPRISE

- AFTERNOON DELIGHT (Ernst 83) : pétales rose lavande soutenu, sépales ondulés violet pourpré très clair bordé bronze pâle ;
- FANCY TALES (Shoop 80, photo p. 114) : très original avec ses sépales abricot à leur base, puis violet pourpré ornés d'une barbe orange ;
- MEGABUCKS (Tompkins 90) : pétales jaune d'or et sépales fuchsia bordé bronze ;
- COLETTE THURILLET (Cayeux 91) : pétales chair saumoné tendre, sépales gorge de pigeon bordé chair.

COLETTE THURILLET

En fait, ils pourraient ne pas être distingués des autres bicolores puisque pétales et sépales sont bien de deux couleurs différentes. Cependant, leur succès auprès des amateurs d'Iris en fait une classe à part.

Les variegata

FANCY TALES

TUMULTUEUX ▷

ACCENT

GYPSY CARAVAN

ANDALOU

Le terme Variegata employé ici ne doit pas être confondu avec celui de la classification botanique (série *Elatae*), malgré le fait que nos « Variegata horticoles » proviennent vraisemblablement de l'espèce ou du moins en partie. Les pétales de ces Iris ont des colorations allant du jaune au cuivre sur des sépales variant du rouge bourgogne au brun.

Parmi les variegata anciens, il en est un resté longtemps très populaire ; il s'agit d'ACCENT, créé par Buss en 1952, aux pétales jaune pur vif sur des sépales rouge prune velouté. Depuis, la forme, la floribondité de ces Iris a été nettement améliorée ; toutefois, peu possèdent la pureté et l'éclat du jaune d'ACCENT.

Trois voies d'amélioration ont été suivies, la première étant le croisement d'un variegata par un unicolore jaune, rouge ou noir, ce qui fait évoluer dans un sens l'ensemble de la fleur (plus vive ou plus sombre). La seconde consiste à croiser le variegata par un bicolore et bien entendu la troisième est l'hybridation entre deux Variegata.

Un des meilleurs géniteurs de cette catégorie est GYPSY CARAVAN (Moldovan 78/pétales jaune d'or et sépales rouge sombre velouté). Les quatre variétés suivantes sont ses fils :
- FIESTA TIME (Schreiner 86) = GYPSY CARAVAN × Variegata, l'un de nos préférés. Pétales ambre jaune doré, sépales rouge acajou illuminés par une superbe barbe jaune d'or. Très, très florifère ;
- ADOBE ROSE (Ernst 88) = GYSPY CARAVAN × (Jaunes deux tons, cuivre...). Pétales abricot et sépales rouge rosé à barbe orange. Un nouveau type de Variegata !
- ANDALOU (Cayeux 95) : GYPSY CARAVAN × unicolore. Nous l'avons sélectionné pour la pureté du contraste entre les pétales jaune très vif et les sépales rouge velouté. Avec ANDALOU, l'on retrouve un peu le jaune pur d'ACCENT ;
- COLETTE THURILLET (Cayeux 91, photo p. 113) : bicolore × GYPSY CARAVAN. Il n'entre pas dans la catégorie des Variegata mais illustre leur utilisation en hybridation.

Évidemment, GYPSY CARAVAN n'est pas le seul Iris à avoir permis l'évolution des Variegata ;

SYNCOPATION

TRACY TYRENE

Les trois suivants ont une autre origine et sont tout aussi remarquables :
- SYNCOPATION (Gatty 83, photo p. 117) : VELVET FLAME (rouge) × SHOWBIZZ (Variegata). Pétales cuivre jaune tranchant sur de larges sépales violines bordés cuivre ;
- SUPREME SULTAN (Schreiner 87) : GALLANT MOMENT (rouge) × PEKING SUMMER (Variegata). Le géant de la catégorie (1 m et fleurs de 20 cm de hauteur). Flamboyant variegata aux pétales jaune ocré et sépales rouge acajou velouté ;
- TRACY TYRENE (Ernt 88, photo p. 117) : l'exception ! L'exception car il ne provient pas de Variegata. Quoi qu'il en soit, avec ses pétales jaune primevère et ses sépales amarante cuivré bordé de jaune, il peut être classé dans cette catégorie, d'autant plus que c'est une variété pleine d'élégance.

Les plicata

MA MIE

FLORENTINE

En guise d'introduction, voici un extrait de l'ouvrage *Les Iris cultivés 1923-1929* de M. Mottet : « L'*I.* plicata Lamk. est d'origine obscure ; on ne le connaît pas à l'état spontané. Foster le considérait comme un hybride des *I. pallida* et *I. sambucina*. M. Dykes le suppose être un hybride de l'*I. pallida* ou un albinos, chez lequel la présence de certains facteurs génétiques auraient fait disparaître la couleur bleue ou lilas des variétés de ce dernier, ne laissant persister que l'extrémité marginale des veines des divisions. Quoi qu'il en soit, les *Iris plicata* forment une section des plus distinctes et des plus homogènes. Les fleurs en sont parfois un peu petites et comme fripées mais leurs tons clairs et leurs fines stries marginales leur donnent un charme particulier.

Caractères généraux de la race : plantes moins fortes, moins hautes que les Pallida, à feuillage plus court, plus étroit ; hampes droites, à ramifications courtes ; bractées scarieuses ; fleurs moyennes ou petites, à bords ondulés, parfois un peu fripées, fond blanc à divisions supérieures presque toujours plus ou moins striées de lilas ou de violet sur les bords ; les inférieures souvent blanc pur au sommet. Floraison en moyenne saison. Types : MADAME CHEREAU, MADAME THIBAUT, REINE DES BELGES, MA MIE. »

REINE DES BELGES fut introduit par Lémon en 1848 et MA MIE par Cayeux en 1906, ce qui illustre bien l'ancienneté de ce type d'Iris, le passage de l'état diploïde à l'état tétraploïde se faisant vers 1920.

Pionnier dans le domaine des bicolores, Ferdinand Cayeux le fut aussi dans celui des Plicata avec les créations suivantes : ENSORCELEUR (1926), SÉDUCTION (1933), MADAME LOUIS AUREAU (1934/Médaille de Dykes française en 1935), FLORENTINE (1937, plicata lavande très pâle), etc.

Aux États-Unis, le plicata SAN FRANCISCO créé par Mohr est introduit par le professeur Mitchell en 1927 et gagne la même année la médaille de Dykes. Mitchell, en 1930, se rend en Europe et visite notamment les cultures d'Iris de Ferdinand Cayeux, où il admire les meilleurs plicata français. Les années suivantes, il combine ses lignées, celles de F. Cayeux et celles de Sass avec au bout un large éventail de nouveaux plicata dont certains présentent des infusions de couleurs ou des stries sur les sépales. C'est la naissance de ce qui fut appelé les « fancy plicata » (plicata fantaisistes) bien loin du standard originel et dont il fut envisagé de faire une classe à part.

A cette époque, les échanges se font de part et d'autre de l'Atlantique, témoin le plicata ACROPOLE (F. Cayeux 1939, origine = FAKIR × SAN FRANCISCO).

Les Sass (États-Unis) permettent d'accroître la diversité des plicata par l'utilisation de l'*Iris variegata*, le fond des pièces florales passant ainsi du blanc au crème et même au jaune. Leurs deux créations les plus marquantes sont sans doute BLUE SHIMMER en 1941 et PORT WINE en 1950.

Dès 1940, les Schreiner se lancent eux aussi dans la création de plicata, croisant dans un premier temps MADAME LOUIS AUREAU (Cayeux) avec leurs propres Iris. En 1960, ils introduisent ROCOCO, un monument dans cette classe de coloris, utilisé comme parent par une quantité d'hybrideurs pour sa netteté et son excellente forme. 1964 voit l'enregistrement de STEPPING OUT, celui-ci remportant en 1968 la fameuse médaille de Dykes (remarque : le pedigree de STEPPING OUT est cependant inconnu).

Pour terminer cet aperçu historique sur les plicata, il faut parler de Gibson (États-Unis) qui porta son intérêt sur les plicata jaunes à bruns. Comme pour les autres hybrideurs, on retrouve dans les Iris qu'il utilisa au départ la variété MADAME LOUIS AUREAU ainsi que certaines de Sass et de Mitchell.

Gibson a créé de très nombreux plicata (et amoena-plicata et variegata-plicata) dont :
– KILT LILT (1969) : variegata-plicata aux pétales jaune cuivré et sépales marron sur fond blanc. Médaille de Dykes en 1976 ;
– WILD APACHE (1964) : bicolore-plicata aux pétales rose-rouge et sépales rose mûre sur fond blanc ;
– ISLAND HOLIDAY (1969) : variegata-plicata aux pétales jaune ambré et sépales marqués de brun et de jaune sur fond crème ;
– RADIANT APOGEE (1964) : variegata-plicata aux pétales jaune d'or et sépales or sur fond blanc. Variété ancienne encore d'actualité.

Non seulement ces variétés de Gibson sont belles, mais elles montrent une nouvelle tendance, car y apparaît un effet bicolore (pétales unis et non marqués du facteur plicata), certainement dû aux lignées de Sass qui s'est servi de l'Iris Variegata (voir illustration de KILT LILT).

CARNIVALTIME

ROCOCCO

KILT LILT

RIO DE ORO

Un choix de bons plicata créés ces vingt dernières années et où l'on trouve de nombreux coloris :

– MODERN CLASSICS (Knocke 75) : un des plus nets ; fond blanc pur et fine bordure bleu-violet vif parfaitement dessinée ;

– PINK CONFETTI (Gibson 76) : plicata à fond crème rosé saupoudré de rose lilas ; un coloris très doux ;

– PROVENÇAL (Cayeux 77) : pétales rouge-bordeaux teinté jaune à la barbe, sépales à grand centre jaune vif largement bordé rouge-bordeaux. Chaud ;

– GRAPHIC ARTS (Hager 77) : plicata à fond blanc piqueté et bordé de violet intense ;

– STITCH IN TIME (Schreiner 78) : caractérisé par sa très nette et très fine bordure bleu-violet vif. Un plicata empreint de délicatesse ;

– LICORICE FANTASY (Gibson 85) : une approche de plicata noir avec sa bordure violet extrêmement sombre ;

MODERN CLASSICS

LICORICE FANTASY

DAREDEVIL

– MOROCCO (Keppel 80) : pétales bronze cuivré à nuance rosée. Sépales blancs bordés cuivre et mouchetés cuivre vers le centre ;

– QUEEN IN CALICO (Gibson 80) : pétales roses teintés mauves et veinés de blanc. Sépales à fond jaune pâle saupoudrés et rayés de mauve rosé ;

– RIO DE ORO (Plough 83) : pétales jaune d'or, sépales à fond jaune entièrement zébré de brun ;

– STOP THE MUSIC (Schreiner 85) : plicata rouge aux sépales à fond blanc pur ;

– BODACIOUS (Keppel 88) : pétales crème saupoudrés de rouge, sépales jaune crème bordés de stries mauve pourpré ;

– ZANY (Dunn 88) : un plicata bleu-violet étrange, toutes les fleurs ayant des marques différentes (comme l'Iris de bordure BATIK, photo p. 84) ;

– DAREDEVIL (Keppel 88) : plicata bleu à barbe mandarine, ce qui fait son originalité ;

– CLASSIC LOOK (Schreiner 92) : plicata bleu lobelia parfait à tous points de vue, surtout au niveau de sa forme et de son branchement.

APRICOT BLAZE

PROVENÇAL

Vers d'autres types de plicata

La barbe est une partie importante de la fleur d'Iris ; nous en reparlerons dans le chapitre concernant l'hybridation. C'est donc tout naturellement que l'on a tenté l'apport de barbes orange à rouges sur des plicata initialement à barbe blanche, bleue ou jaune.

La seconde transformation des plicata est le changement des pétales bordés ou mouchetés en pétales unicolores pour obtenir ces Iris portant des noms de catégorie à peine prononçables : variegata-plicata (pétales jaunes), amoena-plicata (pétales blancs), neglecta-plicata (pétales unicolores mais ni jaunes ni blancs). Il est évident que, compte tenu du nombre énorme de bicolores et de plicata, toutes sortes de combinaisons sont possibles, des plus élégantes aux plus spéciales, voire inesthétiques.

• **Plicata à barbe mandarine/rouge** – Gibson ne fut certes pas le premier à tenter ce challenge, mais c'est de lui que vinrent dans les années 60 et au début des années 70 les plus jolis plicata à barbe mandarine. Le point de départ fut le croisement de ces lignées de plicata avec des roses (BALLERINA, HAPPY BIRTHDAY, roses des lignées de David Hall), les produits de ces hybridations étant recroisés avec des plicata à barbe mandarine (plus anciens) en seconde génération pour obtenir des plicata dans les tons roses. APRICOT BLAZE (Gibson 70), à barbe mandarine lui aussi, provient d'autres lignées où l'on retrouve PALOMINO (Hall 51, jaune ambré à barbe mandarine) et des plicata bruns. QUEEN IN CALICO (Gibson 85), nettement plus récent, comprend APRICOT BLAZE dans ses ascendants et ce n'est pas le seul, loin s'en faut.

Parmi les plicata roses/rouges à barbe mandarine/rouge des années 80, on peut citer :
– PINK FROTH (Keppel 85), plicata rose lavande à fond blanc à barbe blanche pointée rose orangé. Cette variété est issue d'une longue lignée de plicata où l'on retrouve notamment ROCOCO et APRICOT BLAZE.

QUEEN IN CALICO

Keith Keppel, l'un des plus talentueux hybrideurs américains actuels, est aussi responsable de l'enregistrement des variétés d'Iris créées dans le monde entier sur l'*Iris Check List*, ouvrage particulièrement utile car il y figure pour chaque Iris non seulement couleur, taille, forme mais aussi les origines détaillées. Une de ses spécialités est la création de nouveaux plicata. PINK FROTH en est un parmi beaucoup d'autres.

– INDISCREET (Ghio 87) : pétales magenta sur sépales largement saupoudrés et striés de magenta. Barbe minium. Issu d'une longue lignée de plicata (dont ceux de Gibson) et de roses, tel VANITY.

Les plicata bleus se voient aussi attribuer des barbes mandarine, DAREDEVIL (photo p. 120), produit comme PINK FROTH par Keith Keppel, en est un exemple, ce type de plicata étant par ailleurs plutôt rare et constituant une intéressante voie de recherche pour le futur.

• **Plicata aux pétales unicolores** – Keith Keppel est à ces Iris ce que Gibson a été aux plicata des années 60 à 80. Il a d'ailleurs rédigé un article dans le bulletin de la Société américaine des Iris de mai 1995 consacré au passé, au présent et au futur des plicata.

Voici la traduction d'un paragraphe de cet article : « Un quatrième géniteur des plicata modernes doit être mentionné : PROGENITOR et avec lui WHOLE CLOTH (Cook 58, médaille de Dykes). PROGENITOR et WHOLE CLOTH (son descendant de 4ᵉ génération) ne sont pas des plicata et, à notre connaissance, ne contiennent pas le facteur génétique du type plicata, mais ils sont porteurs du gène inhibiteur de la pigmentation anthocyane au niveau des pétales (sans pour autant inhiber cette pigmentation, ou partiellement seulement, sur les sépales). Il faut savoir que les pigments anthocyanes sont responsables des marques plicata, ce qui signifie qu'il a été possible d'utiliser pour la création de "plicata bicolores", des bicolores du type WHOLE CLOTH (ou ses descendants). »

Les variétés suivantes créées par Keith Keppel sont la preuve de ce qu'il énonce dans cet article :

ROSARITA

TAPISSERIE

– BROADWAY (1979) : variegata-plicata aux pétales or cuivré et sépales à fond blanc et large bordure marron ;

– THÉÂTRE (1981) : frère de semis de BROADWAY, ce qui peut paraître surprenant vu ses teintes mais explicable par les origines. Pétales bleu lavande clair et sépales piquetés de violet-rouge sur fond blanc ;

– ROSARITA (1989) : pétales rose orchidée, sépales à fond crème saupoudrés de magenta sur les bords ;

– SNOWBROOK (1987) : un des plus gracieux amoena-plicata qui soit. Pétales blancs pur sur sépales blanc à très fine bordure bleu-violet ;

– JITTERBURG (1987) : pétales jaune soleil, sépales à fond jaune entièrement marqués de brun, barbe jaune bronze ;

– DISTANT ROADS (1991) : descendant de BROADWAY à pétales brun olive infusé de mauve et sépales à fond blanc à bordure violet-bordeaux. Barbe jaune tan.

Keppel n'est pas le seul à avoir créé des plicata bicolores, Blyth en Australie, Schreiner, Plough, Innerst aux États-Unis s'intéressent aussi à ces coloris. Les plicata évolueront encore et l'on peut imaginer pour les années qui viennent des modifications dans la couleur des barbes (brique, marron, chocolat, etc.) donnant à la fleur une allure différente.

JITTERBURG

SNOWBROOK

SIXTINE C.

A propos de nouvelles directions, SIXTINE C. (Cayeux 93), avec ses pétales blanc pur, ses sépales blanc bordés de stries bleu vif et ornés d'une barbe minium, a tout à fait l'aspect d'un amoena-plicata à barbe rouge, et pourtant aucun plicata ne se trouve dans son arbre généalogique ! Alors dans quelle catégorie le classer ? Une nouvelle à créer sans doute.

• « **Luminata** » **et** « **glaciata** » – Ces deux qualificatifs sont très récents bien que la notion de luminata et de glaciata (ex-« ices ») date des années 40. Ainsi Sass vit-il apparaître dans ses lignées de plicata des fleurs étranges : certains semis, pourtant issus de croisements uniquement de plicata, se révélèrent être parfaitement unis, blancs ou jaunes, et furent donc dénommés « Ice whites » ou « Lemon ices ». Ces Iris aujourd'hui appelés Glaciata sont en fait des plicata récessifs (capables de produire des plicata si on les hybride mutuellement).

D'autres semis se présentaient avec des styles blancs ou jaunes et une barbe jaune vif éclairant l'ensemble, le reste de la fleur étant d'une même couleur veinée plus pâle. Ils furent dénommés « Fancies », et depuis 1972 « Luminata ». Ces Iris, relativement étranges, furent longtemps délaissés et réapparaissent aujourd'hui grâce aux travaux de Keith Keppel. TAPISSERIE (Cayeux 62) illustre assez bien l'aspect strié ou veiné de cette catégorie tout à fait à part. Voici ce qu'en disait Keppel en 1995 : « Les Luminata, longtemps délaissés, commencent à s'individualiser du fait de l'obtention de versions modernes. FLIGHTS OF FANCY, SPIRIT WORLD et MIND

READER (Keppel 94) en sont trois exemples innovants. Les « non plicata » plicata (oui, nous avons bien de la bière sans alcool, alors pourquoi pas des plicata sans stries ni points ?) font aussi un « come back ». Ces « Ice-whites » et « Lemon-ices »,

avec leurs marques invisibles, existent maintenant dans d'autres coloris et peuvent être regroupés sous le nouveau terme « glaciata ». Ils montrent une remarquable clarté dans leurs couleurs respectives. BURNING BRIGHT, GODDESS, CLASSMATE et ANSWERED PRAYERS (Keppel 95) sont quelques-uns de ces ices contemporains. »

Avec les plicata se termine ce large tour d'horizon des Grands barbus de nos jardins. Les Iris du troisième millénaire sont déjà en préparation : seront-ils vraiment différents ou n'assisterons-nous qu'à de minimes variations ?

En 1965, en Oregon, Robert Schreiner et Jean Cayeux mesuraient les progrès effectués depuis les Iris qu'avaient connus ou créés leurs parents respectifs, F. X. Schreiner et Ferdinand Cayeux, progrès véritablement sensationnels. Depuis, 30 ans se sont écoulés, et leurs fils tiennent les mêmes propos. Ce qui laisse à penser que plus le nombre d'améliorations est grand, plus le champ de recherche s'élargit, il est probable que nous n'avons pas encore idée des Iris qui verront le jour dans 30 à 50 ans.

LES IRIS REMONTANTS : RÊVE OU RÉALITÉ ?

Quoi de plus naturel que de souhaiter voir s'épanouir deux fois l'an nos fleurs préférées ? Les Iris remontants ou « refleurissants » (mauvaise traduction du terme anglais « rebloomers ») ne constituent pas à proprement parler une révolution moderne. En effet, il y a quatre siècles, Gerarde, dans son herbier, citait *I. biflora* et *I. violacea*, deux Iris botaniques susceptibles de fleurir plus d'une fois l'an. Les premières sélections d'Iris remontants furent faites en Angleterre : GRACCHUS (T. Ware 1884), sélection de l'*I. Variegata*, refleurit parfois à l'automne, CRIMSON KING (Barr 1893) est un intermédiaire qui s'épanouit à nouveau en automne.

En France, Charles André introduit en 1924 JEAN SIRET et en 1926 SOUVENIR DU LIEUTENANT DE CHAVAGNAC, deux Iris nains remontants. Plus tard, en 1959, Ferdinand Cayeux crée LUGANO, un grand Iris blanc issu du plicata SAN FRANCISCO et qui refleurit relativement bien, au moins aussi bien que certains Iris remontants contemporains.

En 1995, P. Anfosso présentait dans son catalogue quelques variétés de grands Iris remontants, dont une obtention personnelle : PAPILLON D'AUTOMNE.

De l'autre côté de l'Atlantique, les frères Sass, dans les années 30, entreprirent de croiser l'Iris nain *I. Chamaeris* avec des Grands barbus, avec pour résultat des intermédiaires remontants, malheureusement stériles d'où l'arrêt de ces lignées. Par contre, dans leurs lignées de plicata, certains possédaient un facteur remontant : TIFFANY (Sass 1938) est le père du fameux GIBSON GIRL (Gibson 1946/origine = MADAME LOUIS AUREAU (F. Cayeux) × TIFFANY) qui a servi dans l'obtention de nombreuses variétés de remontants.

Deux obtenteurs, R.G. Smith et Lloyd Zurbrigg se sont penchés avec succès sur les Iris remontants avec une démarche quasiment identique pour les deux, à savoir la sélection de remontants des frères Sass, de GIBSON GIRL et le désir d'améliorer la forme, le branchement, la pureté du coloris, la vigueur et le pouvoir remontant de ces Iris (c'est-à-dire élargir la zone géographique où ils sont susceptibles de refleurir). EARL OF ESSEX (Zurbrigg 80), plicata bleu-violet et IMMORTALITY

LUGANO

125

(Zurbrigg 82), blanc pur sont deux bons sujets issus des recherches de Zurbrigg. Lors de son introduction au commerce, IMMORTALITY fit sensation, autant par le fait qu'il avait la réputation de fleurir à longueur d'année que par son prix (100 $). Heureusement, le coût de cette variété a baissé rapidement du fait d'une prolificité tout à fait exceptionnelle.

S'il est un défaut des remontants, c'est bien leur incapacité à refleurir sous tous les climats : ainsi les Iris remontants dits de « climats chauds » ne refleurissent pas ou très peu au nord de la Loire par exemple. Pour ces régions, il est impératif de choisir des remontants dits « de climats froids », à condition que ce soit clairement dit dans les catalogues.

IMMORTALITY

CHAMPAGNE ELEGANCE

Le deuxième gros défaut de ces Iris est leur mode de culture : bien sûr, émettant des tiges florales deux fois l'an, ils travaillent deux fois plus que les autres paresseux qui ne daignent fleurir qu'au printemps, d'où des besoins en engrais plus importants, un arrosage suivi en été (une fois par semaine) et une plantation plus lâche (ce qui n'est pas forcément un inconvénient). L'Iris est par nature considéré comme une plante rustique demandant très peu de soins. Ce n'est pas le cas des remontants qui, malgré ce, en s'armant d'un peu de courage, méritent d'être cultivés.

Zurbrigg et Smith ont fait des émules et le nombre de remontants offerts sur le marché a bien augmenté. En voici quelques bons :
– CHAMPAGNE ÉLÉGANCE (Niswonger 87) : pétales presque blanc sur sépales abricot pâle. Refleurit en septembre et régulièrement ;
– BEST BET (Schreiner 88) : superbe bleu deux tons à floraison précoce au printemps ;

ORANGE HARVEST

MOTHER EARTH

– ENGLISH CHARM (Blyth 89, photo p. 105) : déjà décrit dans le chapitre amoena ;
– ORANGE HARVEST (Jones 88) : orange vif uniforme à fort pouvoir remontant dans de nombreuses régions ;
– MOTHER EARTH (Hager 87) : pétale ivoire sur sépale lilas plus clair en leur centre. Branchu, vigoureux et florifère.

Depuis 1962 existe aux États-Unis la « Reblooming Iris Society » éditrice de *The Reblooming Iris Recorder*. En quelques années, le nombre d'adhérents a beaucoup augmenté et des articles parus dans la presse de jardin nationale américaine ont provoqué l'intérêt des amateurs. De ce fait, les hybrideurs de renom commencent à s'intéresser de plus près aux remontants. Affaire à suivre...

A suivre car le caractère remontant n'a pour l'instant aucune régularité (telle qu'on la trouve par exemple dans les fraisiers ou framboisiers) ; de plus, un des charmes essentiels de l'Iris est sa générosité, voire son exubérance de floraison, or nous en sommes encore loin chez les Iris remontants, que ce soit au printemps ou à l'automne. De plus, les hampes florales des remontants comportent souvent des défauts qui les feraient rejeter s'ils ne fleurissaient qu'une fois.

BEST BET

Culture et soins

TEMPLE GOLD

Les six groupes de « vrais barbus » ont exactement les mêmes besoins. L'époque de plantation, la façon de les planter et la division ayant déjà été abordés, nous nous consacrerons ici à la fertilisation et aux façons de lutter contre les ennemis de ces Iris (maladies, insectes, mauvaises herbes).

LA FERTILISATION

Pour bien comprendre les besoins de l'Iris en éléments nutritifs, il faut avoir en tête le cycle de développement de la plante. Au début du printemps, la croissance commence avec l'utilisation des réserves contenues dans le rhizome puis, en même temps que se forme un nouvel éventail de feuilles, apparaissent de jeunes racines qui lui permettront de se nourrir pendant et après sa floraison. Les vieilles racines issues de la pousse de l'année précédente se vident et disparaissent. Après la floraison, l'accumulation des réserves est utilisée pour le développement des bourgeons latéraux qui deviendront des rhizomes et fleuriront au printemps suivant, et ceci pendant 6 à 8 semaines. On obtient donc des plantes matures vers la fin juillet/début août. Ces nouveaux rhizomes rentrent alors dans une période de semi-dormance jusqu'à ce que les pluies de septembre arrivent pour initier un second cycle de croissance des racines.

Ces deux cycles de croissance des racines permettent de mieux comprendre la nécessité d'une plantation estivale : si l'on plante trop tôt après la floraison, on risque d'interrompre le processus de maturation des nouveaux rhizomes ; si l'on plante trop tard (après le 15 octobre dans le bassin parisien), le deuxième cycle d'émission des racines ne se fera pas et la plante épuisera rapidement ses réserves au printemps.

Une fertilisation efficace est organique et minérale ; c'est pourquoi il faut préférer les engrais organo-minéraux aux engrais purement minéraux, dont l'action est certes rapide mais courte en durée. Suivant les auteurs, les formules adéquates pour la bonne croissance des Iris diffèrent mais, dans tous les cas, la quantité d'azote doit être plus faible que celle de phosphate et celle de potasse. On peut choisir les formules suivantes ou approchantes : 6-10-10/5-10-15/6-8-12/4-10-11 (le premier chiffre représente l'azote, le deuxième le phosphate et le dernier la potasse).

Une question qui revient souvent : faut-il, en première année de plantation, fournir de l'engrais aux Iris ? Si la plante fournie par le producteur est de bonne taille, si elle est installée durant l'été et si le sol est une terre de jardin normale, il n'y a pas lieu d'apporter de l'engrais avant la floraison du printemps suivant. Par contre, pour des Iris déjà en place, on favorisera le développement et par conséquent la floraison des nouveaux rhizomes par un apport d'engrais complet déséquilibré en azote aux alentours du 20/30 juin (on épand les granulés autour des rhizomes et l'on procède à leur incorporation par un léger griffage, en ayant soin de ne pas léser les nouvelles racines. Un bon arrosage aidera à mélanger cet engrais au sol).

Avant plantation (*année n*) = juin : 100 g/m² d'engrais 6-8-12
ou 6-10-10 (ou approchant)
Au printemps suivant (*année n + 1*) = mars : 40 g/m² du même engrais
et juin : 40 g/m² du même engrais

*L'importance
de l'humus
dans le sol*

L'humus est le résultat de la décomposition des matières organiques (paille, feuilles, résidus de toutes sortes...). Il agit sur les terres légères auxquelles il donne du liant et de la cohésion et sur les terres fortes qu'il ameublit. C'est aussi un élément de réchauffement du sol. Il favorise l'action des engrais minéraux, la nutrition des plantes dans le sol et la vie bactérienne. Ceci pour dire qu'il est conseillé, voire indispensable, d'ajouter de l'humus à l'endroit où l'on désire installer des Iris. On constate d'ailleurs que, dans des sols richement pourvus en humus, les plantes sont plus saines, moins sujettes aux maladies.

Sous quelles formes apporter l'humus ? Les fumiers artificiels ou naturels (impérativement parfaitement décomposés), les composts (vieilles tontes de pelouse), les terreaux du commerce sont de bons fournisseurs d'humus.

Comme l'humus, la chaux diminue la compacité des sols lourds et donne du liant aux terres trop légères. De plus, elle permet de lutter contre l'acidification du sol. Les Iris rhizomateux se développant mieux en terrain neutre à calcaire, il est parfois indispensable d'en ajouter, d'autant plus que sans chaux, les engrais, même employés à doses massives, ne donnent que des résultats incertains.

Enfin, plus le sol est lourd, argileux, plus il faut apporter de chaux. Il est préférable d'apporter la chaux ou les amendements calcaires en dehors des périodes pluvieuses, et au moins 15 jours avant les engrais. Les terrains à faible acidité peuvent être chaulés de loin en loin et à dose importante, alors que les terrains très acides doivent l'être plus souvent et à faible dose (50 g/m²).

En résumé, bien que l'on pense souvent que l'Iris se développe aisément dans des sols pauvres (à condition qu'ils soient bien drainés), il vaut mieux, pour s'assurer d'une bonne et belle floraison, lui fournir un engrais organo-minéral complet pauvre en azote en mars et en juin, auquel on ajoutera humus et chaux en quantités égales (500 g/m²) pour améliorer le drainage du sol, l'action des engrais et la résistance aux maladies.

ENNEMIS DES IRIS ET REMÈDES

Les ennemis des Iris sont : certains insectes (aériens ou du sol), des mycoses (dues à des champignons), bactérioses et viroses mais aussi les mauvaises herbes qui entretiennent autour des rhizomes un climat humide favorisant le développement des champignons et qui détournent à leur profit une partie des éléments fertilisants, et puis les limaces, escargots, mulots, lapins et lièvres.

• **Les taupins** – Heureusement, peu d'insectes nuisent à la croissance de l'Iris, mais certains peuvent lui être fatals, en particulier les taupins (taupin des moissons : *Agriotes lineatus L.*, taupin gris de souris : *Lacon murina L.* et d'autres). Les taupins

Iris présentant des débuts de symptôme.

Stade très avancé.

Les dégâts dus à un ver (visible au centre de la photo).

sont des coléoptères dont les larves ont un corps allongé, jaune vif voire orange, cylindrique et assez consistant, ce qui leur a valu le nom de « vers fils de fer ». Ces larves passent 4 à 5 ans en terre, en dévorant à l'instar du ver blanc (larve du hanneton) les racines et rhizomes (ces larves affectionnent d'ailleurs de nombreuses plantes maraîchères, horticoles et les céréales). Arrivées au terme de leur stade larvaire, elles se nymphosent en terre pour y passer l'hiver. L'insecte adulte ou taupin apparaît au cours de l'été suivant et vole à la recherche d'un endroit propice pour y déposer sa ponte. Les dégâts causés par les taupins peuvent être considérables comme l'attestent les illustrations ci-contre, et lorsque l'on observe les symptômes de leur présence, il est déjà trop tard (dépérissement du feuillage, pourriture de la base du feuillage puis pourriture complète du rhizome, développement anormalement rapide des bourgeons latéraux libérés par le dépérissement du bourgeon principal).

Les cas suivants impliquent un traitement préventif à l'aide d'un insecticide du sol (souvent à base de lindane) : plantation à un endroit resté longtemps sous forme de pelouse, proximité d'un potager, terre légère et humifère, ancienne luzerne...

A part le traitement du sol, des binages par temps sec et ensoleillé, en juin/juillet, permettent de tuer un grand nombre de larves, celles-ci ne supportant pas de se trouver à l'air et au sec.

• **Certains lépidoptères** peuvent aussi créer des dommages :
- Noctuelles des moissons ou ver gris (*Agrotis segetum*). La chenille de cette espèce cause de très graves ravages dans les jardins. Elle est assez grosse (jusqu'à 50/60 millimètres) et ne mange que la nuit, dévorant tous les organes souterrains.
- Phalène hiémale ou noctuelle potagère. On retrouve parfois la chenille de cet insecte dans les boutons floraux, transformant la fleur en véritable dentelle. Un traitement préventif avec un systémique peut éviter le désagrément de voir s'épanouir des fleurs à moitié dévorées.

• **Certains charançons** (*Mononychas pseudacori F.*, petit coléoptère noir de 5 mm de long) s'attaquent aux graines. Grâce à leur rostre, ils traversent la cuticule de la graine et la vident entièrement. Ils s'attaquent parfois aux boutons floraux des grands Iris, défigurant ainsi les fleurs. Il est difficile de les éliminer, c'est pourquoi, lorsque l'on pratique la pollinisation, il peut être préférable de couvrir la fleur réceptrice afin d'éviter l'attaque du charançon une fois la capsule formée.

• **Les Thrips** (*Bregmatothrips iridis*). Ces petits insectes (1,5 mm à 2 mm de long) se nourrissent de la sève des plantes grâce à leur appareil suceur et se situent généralement dans les feuilles entourant le bouton floral, pouvant même s'attaquer aux pièces florales. Heureusement, ils ne sont pas encore très courants dans nos régions.

• **Les Aphides** (= pucerons). On les rencontre assez souvent sur les Iris, mais ils n'entraînent généralement pas de dégâts, si ce n'est la possible transmission de virus (→ mosaïque de l'Iris). En 35 ans de culture, nous n'avons, quant à nous, jamais constaté de développement de la mosaïque de l'Iris.

Il est rare que des massifs d'Iris soient infestés par les insectes cités précédemment mais il y a quand même lieu de surveiller et de traiter, s'il le faut à l'aide d'un insecticide externe lorsque les parasites sont hors de la plante, à l'aide d'un systémique (produit véhiculé par la sève de la plante) pour détruire les larves se déplaçant au sein même du végétal.

Les trois maladies le plus souvent rencontrées sont : l'hétérosporiose, la pourriture bactérienne dite « douce » et le « scorch ». Cependant, d'autres maladies affectent aussi les Iris : la pourriture du collet, celle du rhizome et la flétrissure bactérienne du feuillage (Nielle).

La lecture de ce qui suit pourrait être source d'un certain découragement ou porterait à considérer l'Iris comme une plante fragile et s'enrhumant au premier brouillard. En fait, les bactérioses sont assez rares dans notre pays et les mycoses traitées préventivement (mesures prophylactiques + traitements) ne provoquent pratiquement jamais la disparition de l'Iris.

Hétérosporiose ou maladie des taches du feuillage

Comme son nom l'indique, cette maladie se reconnaît à la présence de petites taches couleur rouille, habituellement de 3 à 6 mm de diamètre sur les feuilles.

Sur la plupart des variétés, les taches ont une bordure rougeâtre, les rendant facilement reconnaissables, même lorsque les feuilles sont devenues brunes et desséchées. Pour certaines variétés, les feuilles peuvent tomber mortes du fait de la présence de quelques taches seulement, alors qu'avec d'autres, la mort des feuilles ne survient qu'en cas de taches très nombreuses. Dans chaque cas, le résultat final est une plante à l'allure déplaisante.

• **Cause : un champignon** (*Heterosporium* gracile) – La tache des feuilles est due à un champignon connu sous le nom de *Didymellina Macroscarpa*, appelé auparavant *Heterosporium gracile* ou *Didymellina Iridis*. Ce champignon survit à l'hiver dans les vieilles feuilles infestées (soit sur le sol, soit tenant encore à la plante), ou bien encore peut s'installer sur de jeunes feuilles vertes ou des feuilles du bas qui restent vivantes tout l'hiver. Les spores produites au printemps sur ces feuilles malades

◁ H étérosporiose

131

sont véhiculées par les courants d'air et particulièrement par les éclaboussures d'eau sur de nouvelles feuilles, qu'elles contaminent à leur tour.

L'eau joue un grand rôle dans cette maladie : elle éparpille les spores et permet leur germination. De plus, il apparaît que l'eau (ou une humidité élevée) favorise une croissance rapide des taches et la production de nouvelles spores. C'est pourquoi cette maladie est sérieuse dans les endroits humides mais pas dans les régions sèches.

• **Que faire ?** Deux méthodes principales : propreté et pulvérisation.

La propreté est très importante car elle permet de réduire la prolifération des plantes contaminées d'une saison à l'autre. À l'automne, les vieilles feuilles doivent être soigneusement enlevées des plantes et du sol environnant (sans les arracher, mais en les coupant). On doit également couper toutes les parties tachées des feuilles restant vertes, ces déchets devant être brûlés. Un nettoyage à fond doit être fait au moment de la division et de la replantation des Iris.

Bien que de bons résultats puissent être obtenus grâce aux mesures sanitaires, il n'est pas toujours possible de le faire en temps voulu et à fond. Dans ce cas, il est indispensable de recourir aux pulvérisations préventives, les seules efficaces.

Autrefois, on recommandait soit la bouillie bordelaise soit le soufre ; aujourd'hui, aucun des deux n'est considéré comme satisfaisant. La bouillie bordelaise, ou tout autre fongicide à base de cuivre, peut causer des déprédations du feuillage dans des conditions humides ; quant aux préparations à base de soufre, leur efficacité n'est pas complète.

Les fongicides du groupe des thiocarbamates (zinèbe, manèbe, mancozèbe) se révèlent assez satisfaisants mais, par expérience, nous leur préférons : le Bénomyl (« Benlate », en alternance avec un autre produit pour ne pas créer de résistance au niveau du champignon), à 10 g pour 10 litres d'eau, le Folpel (+ cuivre éventuellement) à 15 g pour 10 litres d'eau. Le Flusilazole et le Tébuconazole donneraient aussi de bons résultats ainsi que le Zirame (il s'agit de triazoles de nouvelle génération).

Le succès des pulvérisations dépend probablement autant, si ce n'est plus, de l'époque de traitement que du produit utilisé. Pour être efficaces, les pulvérisations doivent être faites dès après le démarrage de la végétation au printemps, et les applications peuvent être faites au moins une fois par semaine pendant les périodes de croissance active ou de chaleur. Les traitements peuvent être faits moins fréquemment durant les périodes sèches.

La pourriture bactérienne douce

• **Comment la reconnaître ?** – On s'aperçoit d'une attaque de cette maladie généralement trop tard : l'éventail des feuilles dépérit et meurt, la base du rhizome n'est plus qu'une masse gluante et nauséabonde. Bien que ceci semble soudain, c'est en fait le résultat d'un long processus. Il arrive souvent qu'un seul pied d'une touffe soit atteint, mais cette dernière peut aussi l'être entièrement.

• **Cause : une bactérie** (*Erwinia carotovora*) – Cette pourriture est due à des bactéries de l'espèce *Erwinia Carotovora* qui pénètrent par des blessures sur le rhizome ou à la base des feuilles, les plantes intactes n'étant pas attaquées. Du fait de sa pénétration par des blessures, cette maladie est souvent liée à la présence de vers perceurs qui pourraient véhiculer les bactéries, mais ce n'est pas toujours le cas, une attaque de vers perceurs n'entraînant pas forcément la pourriture douce. Des

I. DOUGLASIANA

blessures par binage, griffage, arrachage des feuilles malades peuvent donc aussi causer la pénétration de la bactérie.

• **Qu'en est-il des soins ?** – Actuellement, aucun traitement ne se révèle pleinement efficace contre la pourriture douce, les soins résidant plutôt dans la suppression des facteurs favorisant cette maladie, à savoir : éliminer les vers perceurs (insecticide du sol), ne pas planter trop profond, ni en cuvette, ne pas mettre de fumier directement au contact de la plante, maintenir les plantations propres, sans mauvaises herbes, supprimer et éloigner les plantes malades.

Les seuls produits qui permettraient d'éradiquer la bactériose sont des antibiotiques. Largement utilisés en médecine, ils ne sont autorisés ni en agriculture, ni en horticulture.

I. ONCOCYCLUS

• **Comment sauver une plante malade ?** – C'est possible à condition que la plante ne soit pas trop atteinte. On arrache le rhizome, on le nettoie entièrement et on ôte la zone infectée. Ensuite, il faut baigner le rhizome 15 à 30 minutes dans une solution de permanganate de potassium. Puis on le rince à l'eau courante, on le sèche et on le replante comme il faut à un autre endroit. Bien que ce procédé ne soit pas toujours couronné de succès, il permet souvent l'apparition de nouvelles pousses saines et peut être employé pour sauver une plante de valeur.
Remarque – Des gels tardifs au printemps peuvent aussi causer des attaques de la bactériose, et ce surtout sur les variétés précoces, à la végétation bien avancée, donc aux tissus riches en eau. Les cellules de ces tissus éclatent sous l'effet du gel, favorisant ainsi la pénétration d'*Erwinia Carotovora*.

Le scorch

• **Qui est-il ?** – Cette maladie, au nom barbare difficile à traduire (en anglais, « scorch » signifie : roussissement, brûlure superficielle), n'existe en Europe qu'à un stade sporadique. Ainsi, trouve-t-on parfois dans les rangs d'une même variété un ou quelques pieds atteints. Le mieux est d'éliminer ces plantes purement et simplement ; toutefois, on peut tenter, en arrachant les sujets malades, de les faire sécher, d'ôter les racines et de les replanter ailleurs.

Le premier symptôme est le dessèchement graduel du feuillage à partir des extrémités, le roussissement débutant généralement par la feuille centrale ; les racines se vident alors et il n'en reste que le tissu périphérique.

• **Cause** – C'est un mystère ! Sur des Iris malades soumis à analyses, on a trouvé des *Fusarium*, des *Pythium* et des *Rhyzoctonia* au niveau des racines. On a tenté d'inoculer ces champignons à des plantes saines, sans réussir à déclencher le scorch, ce qui signifie soit que les champignons n'étaient pas pathogènes, soit que la méthode d'inoculation était mauvaise. Un seul cas de sujets soi-disant atteints de scorch révélait la présence de nodosités au niveau des racines (nématodes) (Bulletin AIS no 137, Hannon, 20 décembre 1955).

Actuellement, les causes du scorch demeurent inconnues et ses symptômes mal définis, d'où la difficulté pour suggérer un traitement efficace.

La pourriture du collet

• **Les symptômes** – Les extrémités des feuilles tournent au brun comme pour le scorch ou la pourriture douce, puis les feuilles atteintes tombent à terre. Cependant, bien que les bases des feuilles soient pourries, la pourriture n'est ni douce ni humide mais brune et d'apparence sèche. Sur la surface du sol ou sur le tissu même de la plante, on peut trouver des cordons de mycélium en développement, blanchâtre à brun clair. Habituellement, de nombreuses cellules sphériques brun clair à brun soutenu, appelées sclérotes, ayant environ la taille et la forme d'une graine de radis, gisent sur le sol à la base de la plante ou sur le tissu pourri.

• **Cause : un champignon** *(Sclerotinia)* – La croissance du champignon soit sur le sol, soit à la base des plantes est en fait responsable de la pourriture. Le champignon *Sclérotium rolfsii* se rencontre largement dans tous les États-Unis et est aussi connu dans beaucoup d'autres parties du monde. Une race avec des sclérotes plus larges manquant d'uniformité se rencontre parfois et se nomme *Sclérotium delphinii*. Bien que communément répandu, le champignon sclerotium n'attaque habituellement les Iris qu'en période chaude et humide.

• **Les soins** – La pourriture du collet étant en définitive favorisée par l'humidité du sol à la base des plantes, une mesure de contrôle peut être réalisée en plantant sur monticules ou billons. D'autres méthodes améliorant le drainage du sol ou la rapidité de séchage de sa surface sont également utiles.

Ces pratiques sont néanmoins insuffisantes pour lutter efficacement contre les *Sclerotinia*. Les dérivés du benzène comme la quintozène (ou PCNB) sont utilisables pour combattre ce genre de champignons (les organo-mercurés, efficaces eux aussi, ne sont plus autorisés). Avant traitement, il est préférable d'enlever les parties infectées.

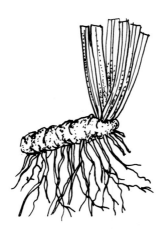

R̲h̲i̲z̲o̲m̲e̲ ̲d̲'̲I̲.̲ germanica.

La pourriture grise du rhizome

• **Les symptômes** – Cette maladie se reconnaît dès le début du printemps à certaines plantes qui ne démarrent pas ou qui émettent simplement quelques pousses malingres. Les plantes atteintes s'arrachent facilement car leurs racines sont pratiquement pourries. Le rhizome peut l'être aussi, en partie ou complètement, mais la pourriture est sans odeur, sèche, de couleur gris-brun, avec une bande noire distincte entre les tissus sains et les tissus pourris.

Les parties pourries sont, en quelque sorte, recroquevillées, ridées et leur surface est parsemée de pousses de champignons gris foncé à pourpre. Mélangées à ces pousses, et aussi dans le sol, se trouvent des sclérotes du champignon, grandes, dures, noir brillant, irrégulières, ridées ou enroulées.

• **Cause : un champignon** *(le botrytis convoluta).* – Le champignon trouvé sur la surface des rhizomes atteints est la cause de la pourriture. Appelé *sclerotinia convoluta* (qui au stade de spore est un *Botrytis*), c'est un champignon de temps froid, plus actif entre 10° et 17°, attaquant seulement à l'automne, durant l'hiver ou au printemps. Au-dessus de 17°, son activité est très restreinte. Pour se développer, l'infection doit utiliser une blessure de n'importe quelle sorte et il est évident que les blessures de l'hiver peuvent provoquer les attaques de Botrytis. La maladie peut persister dans le sol sous forme de sclérotes.

• **Les soins** – Il faut éliminer et brûler les plantes malades et, si l'on peut, offrir aux Iris une protection hivernale (paille, sable...). A part ces mesures prophylactiques, le fait de tremper dans une solution de benomyl les rhizomes que l'on désire planter et replanter est une bonne précaution contre la propagation de ce *Botrytis* pouvant causer des dégâts importants lors d'automnes ou d'hivers à faibles gelées se prolongeant dans le temps.

LES PRINCIPALES MALADIES DES IRIS BULBEUX ET RHIZOMATEUX
(tableau réalisé par une station de recherche agronomique suisse)

Maladies et agents responsables	Organes atteints	Symptômes caractéristiques
MYCOSES		
Pourriture des racines (*Pythium spp.*)	racines, parfois bulbe et rhizome	Croissance chétive. Jaunissement et brunissement des pointes des feuilles, puis dessèchement de toutes les feuilles. Brunissement et fonte des racines.
Pourriture du bulbe (*Phytophthora spp.*)	bulbe	Dessèchement rapide, quasi apoplectique, des plantes. Pourriture ferme du bulbe.
Pourriture du bulbe (*Penicillium hirsutum = P. corymbiferum*)	bulbe	Brunissement et dessèchement du feuillage. Sur le bulbe, amas conidiens bleu-vert sur et entre les écailles externes.
Pourriture grise du rhizome (*Botryotinia convoluta,* Anamorphe : *Botrytis convoluta*)	rhizome, racines, collet	Mauvais départ de la végétation au printemps. Jaunissement puis brunissement du feuillage. Fructifications brun pourpre à la surface des organes malades et formation de sclérotes noirs de 1 à 2 cm de longueur.
Fusariose (*Fusarium oxysporum, f. sp. gladioli*)	racines, rhizome, bulbe, collet	Maladie vasculaire. Jaunissement et brunissement rapide des tiges et du feuillage pendant les mois chauds. Destruction des racines.
Sclérotinioses (*Sclerotinia sclerotiorum* et *Sclerotinia bulborum*) (*Sclerotium wakkeri*) (*Athelia rolfsii* Anamorphe : *Sclerotium rolfsii var. delphini*)	racines, rhizome, bulbe, collet / bulbe, collet / bulbe, rhizome, collet	Dessèchement brusque des plantes. A la surface des organes malades, développement d'un important mycélium blanchâtre et formation de sclérotes noirâtres de 1 à 2 cm de long. Comme ci-dessus, mais sclérotes en forme de croûtes aplaties, de 2 à 5 mm de diamètre et de 0,5 à 1,5 mm d'épaisseur. Dessèchement apical, puis verse des feuilles. Formation de petits sclérotes sphériques de la grosseur d'un grain de moutarde dans les tissus pourris.
Rhizoctone (*Thanatephorus cucumeris* Anamorphe : *Rhizoctonia solani*)	racines, rhizome, bulbe, collet	Plantes chétives. Jaunissement du feuillage. Lésions bien délimitées au collet et sur les parties charnues du rhizome ou du bulbe. Filaments mycéliens et microsclérotes visibles à la loupe de poche.
Maladie de l'encre (*Bipolaris iridis = Drechslera iridis = Mystrosporium adustum*)	bulbe, collet, feuilles	Dessèchement du feuillage. Sur les tiges et à la base des feuilles, formation de taches allongées, d'abord translucides, puis noirâtres. Stries noirâtres sur les écailles externes du bulbe.
Pourriture grise (*Botryotinia fuckeliana* Anamorphe : *Botrytis cinerea*)	jeunes feuilles, fleurs	Taches brun-gris, généralement bien délimitées, portant, par temps humide, les fructifications grisâtres du type *Botrytis*.
Hétérosporiose (*Mycosphaerella macrospora* Anamorphe : *Heterosporium gracile*)	feuilles	Maladie affectant d'abord la moitié supérieure de la feuille. Formation de taches petites, translucides, devenant par la suite des lésions ovales de 4-10 mm sur 2-5 mm, disposées dans le sens de la longueur, grisâtres au centre, avec une marge brun rougeâtre. En fin d'évolution, l'extrémité du limbe sèche et prend une teinte rouillée.
Rouille (*Puccinia iridis*)	feuilles	Pustules pulvérulentes brun rougeâtre (urédosores) ou brun-noir (téleutosores) sur les deux faces du limbe.
BACTÉRIOSES		
Pourriture bactérienne (*Erwinia carotovora* et autres *Erwinia spp.*)	rhizome, bulbe, collet	Jaunissement et dessèchement des feuilles. Pourriture humide du collet, du rhizome ou du bulbe accompagnée d'une odeur fétide.
Bactériose du feuillage (*Xanthomonas tardicrescens*)	feuilles	Taches petites, translucides, pâles, souvent au bord de la feuille. Ensuite, lésions allongées, irrégulières, translucides au centre, noirâtres au bord. Par temps pluvieux, formation de gouttelettes d'exsudat.

Les viroses

Ces maladies sont encore mal connues. La plus courante est la mosaïque de l'Iris, qui provoque le rabougrissement de la plante. On observe sur les variétés sensibles des stries ou des taches jaunâtres diffuses et irrégulières au niveau du feuillage. Des panachures sur les fleurs de certaines variétés sont aussi visibles (la variété BATIK, photo p. 84, pourrait être une plante virosée). Il faut évidemment éliminer les rhizomes malades et puis traiter contre les pucerons vecteurs de ce virus.

Limaces et escargots

Avides de jeunes pousses (feuilles, parfois boutons floraux en évolution), il est bon de les surveiller. On peut les combattre de différentes façons : soit par épandage de granulés molluscicides (Mercaptodimethur, Metaldéhyde, Thiodicarbe, matières actives), soit en installant des pièges (feuilles de laitue ou tranches de pommes de terre : elles attirent les mollusques qui s'y attaquent jusqu'au matin et il suffit alors de les capturer ; soucoupes remplies de bière) ; soit enfin en entourant les massifs de sciure de bois.

Mulots et campagnols des champs

Ils causent rarement des dégâts aux Iris, mais cela peut arriver. Dans ce cas, utiliser des rodonticides (attention aux animaux domestiques). Signalons toutefois que les mulots aiment croquer les petits bulbes de reticulata.

Lapins, lièvres et corneilles

Ils sont friands des pousses jeunes (lapins) ou des feuilles encore vertes l'hiver (lièvres). Des répulsifs existent (avoir soin de les renouveler) ; sinon, recourez au grillage ou clôtures électriques spécifiques. Une pulvérisation d'une solution de lait (2 l pour 10 l d'eau) autour des massifs se révèlerait efficace. Notez aussi que les lapins ont une fâcheuse tendance à arracher les rhizomes fraîchement plantés « pour jouer », les corneilles ayant ce point en commun avec ces charmants quadrupèdes.

Les mauvaises herbes

Plus encore que d'autres vivaces, les Iris ne supportent pas la concurrence des mauvaises herbes. En effet, celles-ci sont indésirables car elles privent les rhizomes du rayonnement solaire, les empêchant ainsi de bien fleurir ; elles se nourrissent au détriment des Iris (ceux-ci ne se nourrissant pas en profondeur du fait des racines superficielles) ; elles pompent l'eau du sol, dont l'Iris, bien que résistant à la sécheresse, a besoin à certaines périodes ; elles entretiennent autour de la plante un climat humide favorisant ainsi le développement des mycoses ; enfin, elles sont rarement esthétiques.

Pour toutes ces raisons, il faut éliminer les mauvaises herbes, en reconnaissant que cela n'est pas évident dans une plantation d'Iris où les rhizomes s'enchevêtrent gaiement. La binette ne passant plus, seuls les doigts peuvent arracher les adventices sans blesser les rhizomes (toujours pour éviter les agents pathogènes).

Les superficies plantées en Iris, dans le monde entier, n'étant pas suffisantes pour que des sociétés de produits phytosanitaires fassent des recherches sur les herbicides convenant à ces végétaux, les professionnels s'en chargent eux-mêmes et ne confient pas obligatoirement leurs résultats pour des raisons évidentes.

Voici quelques considérations d'ordre général :
- avant d'installer un massif d'Iris sur un terrain garni de mauvaises herbes vivaces, il est impératif de traiter avec un produit comme le glyphosate pour les détruire. Il serait dérisoire de penser les combattre avec les herbicides passant sur des Iris déjà plantés (traiter au moins trois semaines avant plantation) ;

– dans des sols sableux, légers : réduire les doses conseillées ;
– prudence dans les situations pentues : lessivage, entraînement possible du produit vers des zones où il y aura hyperconcentration ;
– traiter des cultures en bon état végétatif ;
– emploi d'herbicides nécessitant un cache : à part dans des situations où cela est indispensable (liseron dans massif déjà planté et dycotylédones vivaces), nous pensons que cette technique est à proscrire, car il est très difficile d'éviter la projection de quelques gouttes sur les Iris. A titre anecdotique, lors d'un tel essai avec du glyphosate, effectué quatre semaines avant la floraison, certains pieds avaient été malencontreusement touchés ; le résultat fut la réduction des fleurs à 1/3 de leur taille normale et une décoloration spectaculaire ; ces pieds replantés ont refleuri tout à fait normalement l'année suivante ;
– les herbicides à base d'hormones de synthèse (2.4.D – MCPP...) ne sont pas utilisables car ils induisent des déformations florales.

Si vous désirez connaître des herbicides qui peuvent être employés sur les Iris barbus, vous pouvez faire votre demande à Cayeux SA – BP 35 – 45500 Poilly-lez-Gien. Enfin, il ne faut pas croire que l'emploi des herbicides supprime toute intervention manuelle, certaines adventices peuvent résister.

Décoloration et déformation dues au glyphosate.

LE CALENDRIER DU « PARFAIT » CULTIVATEUR D'IRIS

Mois	Travaux à réaliser
Janvier et février	• Surveiller les plantes : risques de pourriture grise du rhizome • Apporter de la chaux fin février (50 à 150 g/m²)
Mars	• Traitement préventif contre Hétérosporiose • Apport d'engrais 6-8-12 (40 g/m²) (3 semaines après la chaux) • Éventuellement un traitement préventif avec insecticide du sol • Décompactage, aération du sol
Avril	• 2ᵉ traitement fongicide (y joindre un insecticide systémique) • Herbicide (type Sencoral)
Mai	• 3ᵉ traitement fongicide (avant ouverture des fleurs de préférence) • Profiter de la floraison
Juin	• 2ᵉ apport d'engrais 6-8-12 (40 g/m², après floraison) • Éliminer feuilles très tachées et procéder au 4ᵉ traitement fongicide • Couper les hampes florales à 10 cm du sol • Aérer le sol
Juillet Août	• Penser à arroser les Iris de temps en temps (tous les 10/15 jours) • Herbicide (type Lengatran)
Septembre	• Fin septembre : couper le feuillage à 25 cm du sol • Refaire traitement herbicide
Octobre Novembre	• Couper les feuilles mortes (ne pas arracher celles encore vertes à la base) • Aérer le sol encore une fois • Butter les Iris plantés tard en régions froides (débutter en mars)
Décembre	• Repos

LES ARILS ET ARILBREDS

Ces Iris appartiennent à la section Hexapogon et ont été décrits dans la classification botanique (du moins les espèces et non les hybrides). Les Arils regroupent donc les Regelia, les Pseudoregelia et les Oncocyclus ainsi que les hybrides interspécifiques (ex : Regelia × Oncocyclus = Regeliocyclus).

Quant aux Arilbreds, ce sont des Iris provenant du croisement d'Arils et de Pogoniris (Arilbreds = hybrides d'Arils)

COMMENT CULTIVER LES ARILBREDS

MOHR PRETENDER

Les Arils ne peuvent être cultivés facilement, avec succès, dans la plupart de nos régions du fait de leurs origines orientales (climats sans aucune précipitation estivale). C'est pourquoi nous préférons ne pas en parler ici, d'autant plus que nous avons déjà évoqué le ba ba dans la classification. Les Arilbreds sont un peu moins délicats puisqu'ils proviennent en partie des Pogoniris :

- on peut donc les cultiver en plein jardin, comme les Pogoniris à condition de leur fournir un sol excessivement bien drainé, surtout dans des situations où le total des précipitations annuelles excède 500 mm, ce qui est assez courant en France ;
- le sol doit être léger, riche et se réchauffant facilement ;
- dans les régions où les hivers sont froids et humides, une protection (mulch, paillis...) se révèle indispensable ;
- ce sont des Iris gourmands et, par conséquent, ils demandent des apports d'engrais réguliers (ainsi qu'un sol riche en humus) ;
- leur division s'effectue tous les deux ou trois ans, tous les ans pour certains ;
- comme les Pogoniris, peut-être même plus, ils sont sensibles à l'hétérosporiose et autres maladies cryptogamiques ainsi qu'aux virus ;
- époque de plantation : entre le 15 septembre et le 10 octobre.

DÉVELOPPEMENT HISTORIQUE DES ARILS ET ARILBREDS

Les croisements entre Oncocyclus, Regelia et Pogoniris ne présentent pas de difficulté et datent d'avant 1900. Les premiers travaux significatifs sont dus à Sir Michael Foster (Angleterre) qui, dès 1893, réalisa des hybrides entre Oncocyclus et grands barbus, notamment :

- *I. iberica* × *I. pallida* → Ibpall
- *I. iberica* × *I. variegata* → Ibvar
- *I. paradoxa* × *I. variegata* → Parvar

Vers 1910, Monsieur Hoog, de la maison Van Tubergen (Hollande), apporte aussi une importante contribution à l'hybridation des Arils en croisant Regelia et

◁ CLARA VIEBIG

Oncocyclus (→ Regeliocyclus). Ainsi trouve-t-on dans les *Iris cultivés 1923-1929* (article de M.C.G. Van Tubergen junior), une liste de 29 variétés, CLARA VIEBIG (Van Tubergen 1913, photo p. 139).

Dans leur très grande majorité, les hybrides de Foster et de Hoog, se révélèrent malheureusement stériles. Après Foster et Van Tubergen, il semble que l'intérêt pour ces Iris soit tombé assez bas en Europe. Est-ce dû aux conflits s'y déroulant ou au fait que leur culture très délicate est réservée aux contrées méridionales ? (à ce propos, l'*Iris Susiana*, qui n'est pas un hybride, fut cultivé dans la région d'Ollioules pour la fleur coupée jusqu'aux grandes gelées de 1955).

En 1923, une introduction californienne, WILLIAM MOHR (du nom de son créateur, nom donné plus tard par B. Mitchell), constitue le point de départ essentiel d'une nouvelle race d'Oncobreds. WILLIAM MOHR est décrit dans le catalogue de Robert Waymann de 1937 comme le plus joli de ce groupe, avec des fleurs gigantesques d'un doux violet veiné de violet manganèse brillant. L'origine de WILLIAM MOHR serait *I. gatesii* × PARISIANA (Grand Iris Vilmorin 1911).

Bien que très pauvre en pollen et produisant rarement des graines, WILLIAM MOHR est à l'origine de nombreux Oncobreds célèbres : MOHRSON (C. White 1935), GRACE MOHR (Jory 1935), ORMOHR (Kleinsorge 1937), LADY MOHR (Salb. 1943), ELMOHR (Loomis 1942, médaille de Dykes 1945).

Tous ces hybrides furent naturellement appelés les Iris de Mohr. En 1940, Reinelt (États-Unis) crée CAPITOLA (William Mohr × [Iberica × Macrantha]), un Iris important dans l'histoire des Arils compte tenu de l'importante fertilité de son pollen. Les semis de CAPITOLA furent aussi appelés Iris de Mohr du fait de caractères extrêmement voisins.

ARILBREDS D'AUJOURD'HUI

MOHR PRETENDER

Le but des créateurs d'Arilbreds a toujours été le transfert des qualités des Arils sur des plantes de culture plus souple, portant plus de boutons et plus tolérantes vis-à-vis du climat. En effet, les Arils sont d'une remarquable beauté avec des coloris et des motifs uniques dans le monde des Iris. Malgré le faible nombre d'hybrideurs engagés dans la création d'Arilbreds, les progrès ont été substantiels et l'on a assisté depuis peu de temps à la naissance d'Arilbreds blancs que devraient agrémenter, dans le futur, des signaux de couleurs variées. Parallèlement, la prolificité et la résistance aux maladies se sont accrues.

Si les progrès les plus importants ont été réalisés sur des plantes moitié Aril – moitié Pogoniris (plus faciles à croiser entre elles), il n'en demeure pas moins vrai que les traits des Arils sont plus présents sur des Arilbreds contenant 3/4 de sang Aril, même si le nombre de boutons est seulement le double de celui des vrais Oncocyclus, même si la hampe n'a pas de ramification ; pour compenser cela, le nombre de tiges florales produites doit être supérieur. Ces hybrides à 3/4 de sang Aril sont rares, car ils proviennent de plantes aux nombre de chromosomes différents, ce qui diminue le nombre de croisements réussis.

En 1995, aucun spécialiste français ne commercialisait d'Arilbreds. Dans la moitié nord des États-Unis, seule la famille Schreiner (à notre connaissance) commercialise

ESTHER THE QUEEN

MARTHA MIA

KHYBER PASS

ces Iris, et encore ne sont-ils que cinq. Les variétés qui suivent, relativement rustiques, sont tout à fait recommandables :

- ESTHER THE QUEEN (Hunt 68) : un Arilbred de culture facile aux pétales bleu-vert et sépales chamois teinté vert à barbe marron-noir sur signal brun soutenu ;
- MARTHA MIA (Hunt 75) : fleur globulaire au signal brun foncé. Pétales lilas et sépales beige rosé. Culture facile. Trois branches et quatre boutons ;
- MOHR PRETENDER (L. Rich 78) : bleu azur à moyen à spot bleu-violet foncé sur les sépales. Forme ronde et globulaire des Arils. Un des plus vigoureux ;
- KHYBER PASS (Kidd 81) : sépales rouge brun à veines rayonnantes autour du signal brun. Pétales lavande clair à raie médiane marron clair ;
- TABRIZ (Kidd 83, photo p. 138) : grande fleur globulaire lavande. Barbe bronze et signal noir cerné de points marrons.
- SHEIK (Hager 76) : Pétales fuschia-violet veiné plus sombre, sépales rouge ambré veiné plus sombre. Petit sigmate foncé.

Avec les Arilbreds, nous refermons momentanément les yeux sur les Iris barbus qui ne sont pas les seuls, bien que les plus nombreux, à pouvoir fleurir le printemps de nos jardins.

SHEIK

D'AUTRES IRIS
POUR NOS JARDINS

Ces autres Iris sont ceux dépourvus de barbe, à rhizome ou à bulbe : Iris de Sibérie, Iris du Japon, Iris de Louisiane, Iris Spuria, Iris d'« eau » et Iris de Hollande. D'autres Iris, comme les « Pacific coast hybrids », mériteraient une place dans nos jardins ; toutefois, leur résistance au froid n'est pas encore suffisante et donc, malgré leur élégance, nous ne les aborderons pas.

Les Iris de Sibérie (Sibirica)

Lorsque, chaque printemps, nous ouvrons notre jardin de présentation aux visiteurs, les Iris de Sibérie rencontrent beaucoup de succès, surtout auprès des personnes n'en ayant jamais vu que dans les catalogues, où il est assez difficile de reproduire leur grande élégance et les nuances de bleu qu'ils nous offrent. Nous sommes sûrs que ces Iris prendront dans quelques années un essor plus important.

CULTURE ET SOINS

Leur culture, abordée dans la partie « Présence des Iris au jardin », mérite d'être plus détaillée bien que ces Iris soient vraiment très faciles à implanter.

Culture
• **Qualités du sol** : ils tolèrent des pH de 4,5 à 8 mais préfèrent une légère acidité (5 à 6,5). Aussi, en terrain sec et calcaire, leur culture ne réussira-t-elle qu'à la condition d'apporter une bonne quantité d'humus qui baisse le pH et améliore le pouvoir de rétention en eau. Ils n'aiment pas les sols compacts, fortement argileux, gorgés d'eau l'hiver et durs comme du béton l'été. Dans ce cas, le remède est le même, à savoir un apport massif d'humus.

• **Zone marécageuse ou situation normale de jardin ?** Les deux conviennent, un arrosage régulier (tous les 10 jours) suffit à les maintenir en bonne forme. Ils font même preuve d'une bonne résistance à la sécheresse dès qu'ils sont bien implantés (mais sont évidemment moins développés).

142

- **Exposition** : le plein soleil est préférable, le minimum étant du soleil durant la moitié de la journée, faute de quoi la floraison est maigre, sporadique.

- **Fertilisation** : ils apprécient un apport d'engrais complet faible en azote, de préférence organique au départ de la végétation c'est-à-dire fin mars (exemples de composition : 5-10-10, 6-8-12,...).

- **Profondeur de plantation** : contrairement aux Iris barbus, il faut enterrer leur rhizome de 3 à 5 cm ; leurs racines sont aussi moins superficielles. Rarement victime de la pourriture du rhizome, on peut couvrir le sol les environnant d'un paillage d'écorces de pin qui ralentira la croissance des mauvaises herbes, maintiendra la fraîcheur et fournira une bonne couverture hivernale très utile la première année.

Division des Iris de Sibérie.

- **A quelle époque les planter** ? Cela dépend des régions. En climat où les hivers sont rudes, il est préférable de les planter vers la fin mars et de les arroser régulièrement. Ainsi, ils atteindront les froids parfaitement enracinés. En climat bénéficiant d'hivers modérés, la meilleure période est septembre car dès le printemps suivant, on assiste à la première floraison, floraison vraiment rare lorsqu'ils sont plantés en mars.

- **Après la floraison**, il faut supprimer les hampes sèches très souvent porteuses de fruits et donc de graines qui risquent, au bout de deux à trois ans, de donner de « nouveaux » Iris de Sibérie pas forcément désirables.

- **Faut-il couper le feuillage** ? Les avis diffèrent. Certains préconisent de couper les feuilles à 5 cm du sol vers le mois de novembre, d'autres pensent, à juste titre d'ailleurs que l'abondant feuillage de sibirica constitue une remarquable couverture contre le gel et qu'il vaut mieux le supprimer au début du printemps, époque à laquelle cette opération est plus facile.

- **Maladies cryptogamiques** – Jusqu'en 1979, on pensait que le *Botrytis convoluta* n'attaquait que les grands barbus. En fait, il peut causer des dommages aux Iris de Sibérie. Au printemps, des taches brunâtres et huileuses apparaissent à la base des jeunes feuilles, puis l'on assiste à la mort progressive du feuillage (en commençant par la périphérie) qui se détache à sa base. Par la suite, le champignon peut détruire les rhizomes, le problème étant la conservation dans le sol du fungus sous forme de sclérotes durant plusieurs années.

Maladies et ennemis des Sibirica

Le Bénomyl est une matière active relativement efficace contre cette maladie, qui n'est pas encore courante sur les Sibirica.

- **Insectes nuisibles** – Il s'agit des vers perceurs style taupins qui se nourrissent du rhizome. Or, les rhizomes de Sibirica étant très petits, les dégâts occasionnés par ces larves sont considérables, entraînant la mort des jeunes plantes (ce n'est généralement pas le cas chez les Pogoniris, pourvus de forts rhizomes). Pour lutter contre ces ennemis, l'association d'un insecticide systémique et d'un insecticide du sol est conseillé ; la pulvérisation peut être répétée plusieurs fois si nécessaire.

Il n'est pas évident de déceler à temps la présence de ces insectes mais il y a de quoi s'alarmer si l'on observe au centre de l'éventail du feuillage une feuille jaune et si, lorsqu'on la tire, elle vient sans mal : c'est que l'ennemi est là, et donc le traitement s'impose.

A part cela, les Iris de Sibérie n'ont pas d'ennemis dangereux ; de plus, l'hétérosporiose ne les atteint pas, d'où leur joli feuillage exempt de taches.

Plantation.

L'ÉVENTAIL DES VARIÉTÉS

En 1934, monsieur Marc Simonet * proposa que les Iris de Sibérie soient scindés en deux groupes : ceux à 28 chromosomes et ceux à 40. En effet, précédemment, les hybrideurs s'étaient rendu compte que certains croisements interspécifiques fonctionnaient et d'autres pas. Les progrès scientifiques au niveau de l'analyse cellulaire permirent d'en trouver la raison, à savoir un nombre de chromosomes différent.

En 1976, la « Check List » de la société des Iris de Sibérie contenait 590 variétés enregistrées par 122 obtenteurs. Parmi ceux-ci, 18 provenaient de croisements de Sibirica avec d'autres Iris, les 572 restants appartenaient en grande majorité au groupe à 28 chromosomes.

A l'heure actuelle, le groupe à 40 chromosomes reste minoritaire : sans doute est-ce dû à leurs exigences de culture (ils ne tolèrent pas les sols calcaires ni le manque d'eau). Malgré tout, des efforts sont faits de leur côté.

L'introduction de WHITE SWIRL (Cassebeer 1957, photo p. 35) fut un événement dans le développement des Iris de Sibérie. Nombreux sont les cultivars contemporains ayant hérité de sa forme : sépales horizontaux ou presque et rondeur de la fleur. Créé il y a 38 ans, WHITE SWIRL demeure une variété de grand intérêt pour le jardin. Le passage récent de l'état diploïde à la tétraploïdie (Mc Ewen 1966, utilisation de la colchicine) est aussi la source de création de nouveaux Sibirica. Les deux premiers tétraploïdes du Dr Mc Ewen furent ORVILLE FAY et FOURFOLD WHITE en 1970, variétés à grandes fleurs et forte végétation, 1973 voit la naissance de RUFFLED VELVET, diploïde pourpre teinté de rouge, de forme superbe, ondulé et détenteur du trophée Morgan-Wood qui récompense le meilleur Iris de Sibérie annuellement. RUFFLED VELVET, descendant de WHITE SWIRL, est un remarquable parent puisqu'il a permis au Dr. Hollingworth d'obtenir trois Iris remportant le trophée Morgan-Wood (origine des trois = RUFFLED VELVET × SHOWDOWN).

JEWELLED CROWN

SULTAN'S RUBY

---

* Le professeur Marc Simonet est l'auteur d'un travail de recherche extrêmement important sur le nombre de chromosomes des espèces d'Iris, travail réalisé au laboratoire de botanique des Établissements Vilmorin-Andrieux en 1928.

– LADY VANESSA (Hollingworth 85) : pétales rouge vin clair, sépales ondulés rouge vin. Styles plumeux plus pâles que les sépales.

◁ LADY VANESSA

BUTTER AND SUGAR

CHARTREUSE BOUNTY

- JEWELED CROWN (Hollingworth 85, photo p. 144) : (tétraploïdie induite par la colchicine). Rouge vin profond à réticule or sur des sépales ondulés.
- SULTAN'S RUBY (Hollingworth 88, photo p. 144) : diploïde, 28 chromosomes). Pétales magenta profond, styles plumeux plus clairs, sépales magenté très velouté à grand signal or. Remarquable Sibirica détenteur du trophée Morgan-Wood en 1992, 1993 et 1994. Une splendeur !

Un des mérites du docteur Currier Mc Ewen est la création des premiers Amoena jaune dont BUTTER AND SUGAR (Mc Ewen 1976), diploïde (28 chromosomes) aux sépales blancs veinés de jaune et pétales bien jaunes ; malheureusement, la prolificité et la rusticité de cet Iris ne sont pas des meilleures ; CHARTREUSE BOUNTY (Mc Ewen 83) fils de BUTTER & SUGAR aux pétales blancs et sépales jaune vert, parfois remontant, se développe mieux. Toujours du Dr Mc Ewen, HARPSWELL HALLELUJAH (1983, tétraploïde) est d'un bleu profond superbe avec de plus une forme ronde et une tenue exceptionnelle. Quant à REGENCY BELLE (Mc Ewen 85, tétraploïde, fils de HARPSWELL HALLELUJAH), bien bleu avec des styles très développés bleu ciel, il fait presque bleu deux tons.

JAMAICAN VELVET

CORONATION ANTHEM

HARPSWELL HALLELUJAH

Parmi les grands noms dans le domaine des Iris de Sibérie, citons aussi :
- Mc Garvey, obtenteur de JAMAICAN VELVET (83) qui constitue une nouvelle direction pour l'obtention du rouge,
- Mrs Warbuton, créatrice de nombreuses excellentes variétés : ISABELLE (88, Amoena jaune), PERCHERON (82, violet pourpré amplement veiné), SILVER ROSE (85, rose deux tons), ROARING JELLY (92, lavande et framboise), etc.
- Hager avec OMAR'S CUP (82) : une approche de Sibirica rouge.

PINK HAZE

Les Iris de Sibérie sont parmi les plus bleus ; un large éventail de variétés existe et permet la constitution de superbes camaïeux :
- CAMBRIDGE (Brummit 64) : fils de WHITE SWIRL, bleu à reflets turquoise. Ancien mais reste un des plus jolis ;
- HARPSWELL HAZE (Mc Ewen 77) : tétraploïde aux pétales bleu très pâle et sépales veinés de bleu-violet. Très grande fleur aux sépales ronds ;
- CORONATION ANTHEM (Hollingworth 90, photo p. 147) : tétraploïde à large fleur gracieusement ondulée. Grande plage marbrée blanc et or sur les sépales, bleu moyen à soutenu. Fait partie de la nouvelle génération des Iris de Sibérie à fleurs solides et grandes.

HARPSWELL HAZE

L'AVENIR DES IRIS DE SIBÉRIE

Il est peu probable que les Iris de Sibérie connaissent l'essor et la variabilité des grands barbus. Cependant, beaucoup d'évolutions ont lieu actuellement :
- la recherche du vrai rose progresse et l'on en est maintenant nettement plus près que ne l'étaient par exemple SPARKLING ROSE (Hager 67) ou PINK HAZE (Mc Garvey 69) ;
- les Amoena roses s'améliorent, DANCE BALLERINA DANCE (Steve Varner 82) Amoena lavande rosé ou LAVENDER BOUNTY (Mc Ewen 81) sont maintenant dépassés. CHERRY LYN (Miller 90, photo p. 152) en est un exemple ;
- les « rouges » deviennent vraiment plus rouges ;
- certains pensent que l'on pourra étendre la couleur orange présente dans certains signaux à la fleur entière ;

– des fleurs presque noires commencent à apparaître aussi bien dans le groupe à 28 chromosomes que dans celui à 40. Le brun serait aussi possible ;
– des semis teintés d'abricot ne sont plus un rêve : Lorena Reid, obtentrice de plusieurs Sino-sibirica, en possède déjà !

Les progrès ne concernent pas seulement l'extension de la gamme des couleurs mais bien sûr la forme des fleurs, la durée de la floraison (par l'augmentation du nombre de boutons), la proportion feuillage/fleur.

OTHER WORLD

◁ FLIGHT OF BUTTERFLIES
Tout le charme
d'un envol de papillons

SNOW QUEEN

CHERRY LYN   SIBIRICA NANA ALBA

Le nombre des variétés naines (25 à 40 cm) devrait s'accroître car il y a une demande, Sibirica NANA ALBA (Perry 40) et BABY SISTER (Mc Ewen 86) en sont deux représentants encore trop rares. Une autre génération de Sibirica se développe : celle des variétés à fleurs très petites (4 à 5 cm de diamètre) portées par des tiges graciles. FLIGHT OF BUTTERFLIES (Witt 72, photo p. 151), véritable vitrail bleu et blanc et SNOW PRINCE (Tiffney 90) en sont deux gracieux cultivars.

UN AUTRE FUTUR POUR LES IRIS DE SIBÉRIE :
"Sino-siberians" et "Cal-sibes"

Les Sino-siberians proviennent de croisements entre espèces à 40 chromosomes de la sous-série Chrysographes ; quant aux Cal-sibes, ce sont des hybrides de Californicae et de Sibiricae (à 40 chromosomes). Deux événements très éloignés l'un de l'autre méritent d'être soulignés :
– en 1927, MARGOT HOLMES (Perry 27), un Cal-sibe, remporte la médaille de Dykes anglaise, toutes catégories d'Iris confondues ;
– en 1994, DOTTED LINE (Lorena Reid, 92), un Sino-siberian, se classe 3e de la coupe du Président lors de la Convention américaine des Iris se tenant à Portland en Oregon, là aussi toutes catégories confondues.

GOLDEN WAVES   DOTTED LINE

Aux États-Unis, les spécialistes de ces plantes sont Jean Witt, obtenteur de GOLDEN WAVES (Witt 80), jaune pur à macule or sur les sépales (semis de Sibirica à 40 chr × semis de *I. innominata* jaune = Cal-sibe) et Lorena Reid, créatrice de DOTTED LINE et d'ENBEE DEEAYCH (Reid 89) aux pétales pourpre profond et sépales proche du noir à petite raie médiane blanche (*remarque* : nous avons importé ces plantes il y a deux et trois ans et elles se comportent correctement dans notre Centre-France). En Europe, monsieur Tamberg, à Berlin, travaille avec les deux sous-séries Sibiricae et Chrysographes. Il a aussi obtenu des Cal-sibes tétraploïdes parmi d'autres hybrides interspécifiques. Enfin, Jennifer Hewitt, en Angleterre, se penche de très près sur la nouvelle voie de progrès que constituent les Cal-sibes. Tout cela fait qu'à l'aube de l'an 2000, on peut, sans trop s'avancer, affirmer que les Iris de Sibérie ne manquent pas d'avenir.

ENBEE DEEAYCH

Les Iris du Japon (Ensata)

CINQ SIÈCLES D'HISTOIRE

Autrefois appelés *I. kaempferi*, relativement méconnus des jardiniers, ils sont parmi les plus élégants du genre Iris. Si l'on compare la forme type et les variétés actuelles, on a du mal à croire qu'il s'agit de la même espèce, le diamètre de la fleur étant passé de celui d'une tasse à café à celui d'une assiette (à dessert, il est vrai !).

Depuis cinq siècles, au Japon, jardiniers et amateurs ont, avec une patience et une ténacité exemplaires, complètement métamorphosé sans rien lui retirer de sa grâce originelle, ce petit Iris pourpre dont on connaît encore deux autre formes sauvages, l'une entièrement blanche, l'autre lilas à pétales violets. Collectant le maximum de plantes indigènes et les reproduisant par graines, les semeurs nippons furent les premiers améliorateurs des Ensata et pratiquement les seuls jusqu'aux années 30.

Dès 1710, paraît une liste de 36 variétés ; à peine cinquante ans plus tard, en 1755, un ouvrage nous dit que si nombreuses sont les variétés (plusieurs centaines) qu'elles ne peuvent être citées.

Des amateurs et des spécialistes vont se consacrer à cette évolution, dont les plus connus sont Manen Rokusaburo et Madsudeira Shoo (1773-1856). Ce dernier utilise au départ les variétés existantes et continue à faire ramasser des graines d'espèces sauvages dans les marches d'Asaka notamment. Il réalise des milliers de semis, amenant ces Iris à un niveau de qualité très voisin de ce qu'ils sont maintenant. En effet, si aux XIXe et XXe siècles, la recherche de nouveautés s'est poursuivie, elle a été beaucoup plus lente très certainement parce que les clones horticoles ne descendent que d'une seule espèce botanique.

Ces variétés étaient divisées en trois classes principales tirant leur nom de leur province d'origine.

• **Le groupe le plus important est celui d'Edo** (ancien nom de Tokyo), composé de plusieurs centaines de variétés se caractérisant par une très grande diversité aussi bien dans leurs formes que dans leur coloris ou leur présentation. Elles sont en principe destinées à l'ornementation des jardins et des parcs d'où une certaine hétérogénéité.

• **Le type Isé**, cultivé à partir de 1800 au centre d'Honshu dans le district de Matzuzaka, a des canons plus strictement définis. Isé est un site où se trouvent tombeaux et chapelles de la famille impériale et où ont lieu de nombreux pèlerinages. Les fleurs doivent être plus gracieuses, aériennes et posséder un charme féminin. Elles sont obligatoirement simples, ce qui est plus distingué, de forme élégante avec de larges sépales, et leurs coloris sont doux.

• Le troisième, **le type Higo**, ancienne province de Kyushu, est également très homogène. Utilisé à l'origine le plus souvent en pots ou en fleurs coupées pour l'ornement des intérieurs, les cérémonies du thé, ses coloris doivent être unis, purs, vifs. Pour ces Iris, toujours vus de près, la forme revêt une importance primordiale. Elle doit être harmonieuse, comporter un certain relief, d'où de fréquentes ondulations. La variété GYOKUTO, un blanc immaculé très ondulé, est citée comme l'exemple parfait de ce groupe.

A partir de la modernisation du Japon, la culture en pot a été de plus en plus délaissée au profit de la plantation en pleine terre. Les types Isé et Higo se sont répandus plus largement et se trouvent moins différenciés les uns des autres. Jusqu'en 1914, toutes ces variétés étaient difficilement vendues dans le commerce, quelle que soit leur catégorie. C'est à partir des années 30 qu'un certain nombre font l'objet d'un commerce régulier et sont exportées.

En France, quelques variétés furent créées au début du siècle, dont LA CANDEUR, COMTESSE DE PARIS, etc. Depuis, pratiquement aucune variété française n'a été enregistrée.

Aux États-Unis, vers 1925, deux semeurs commencent à se consacrer aux Ensata. Walter Marx, dans l'Orégon, à partir d'Iris du type Higo, obtient de nombreux semis qu'il groupe sous la dénomination de MARHIGO STRAIN. Ses variétés sont vives en couleur, d'un port excellent et de jolie forme ; de plus, elles sont vigoureuses, prolifiques et de culture facile. Dans l'Indiana, Payne, partant de quelques variétés japonaises, se livre à un travail d'in-breeding intensif. Il obtient vite de très belles variétés, qui ont toutes en commun une forme parfaite, une stature excellente, une substance toujours ferme. Par contre, à notre avis, elles sont en général un peu plus lentes à se multiplier.

RASBERRY RIMMED

Au Japon, bien que la poussée industrielle ait fortement réduit l'activité horticole, l'Iris reste toujours aussi populaire et plusieurs iridophiles, tels que Tomino Koji, Maeda, Suichi Hirao et quelques autres, poursuivent leurs recherches.

La colchicine a été utilisée pour passer de l'état diploïde à la tétraploïdie. Si, pour les Sibirica, le passage a été rapide (Mc Ewen 66), ce n'est pas le cas pour les Ensata et le premier Ensata trétraploïde fut enregistré seulement en 1979 (RASPBERRY RIMMED, Mc Ewen). Depuis, les progrès ont été rapides et l'on dispose aujourd'hui de nombreux cultivars tétraploïdes. Ce doublement du nombre de chromosomes semble avoir réveillé les créateurs, aussi bien aux États-Unis (Mc Ewen, Coppeland, Aitken, Mahan) qu'en Europe (Eckart en Allemagne et votre serviteur en France) et qu'au Japon (Mototeru Kamo, Hioshi Shimizu, Tsutomu Yabuya,...).

Après cinq siècles de croisements entre Iris du Japon diploïdes, il est probable que la plupart des améliorations ont été réalisées. L'arrivée des tétraploïdes constitue le départ d'un nouveau challenge (Mc Ewen 1990, *The Japanese Iris*).

CULTURE ET SOINS

La culture des Iris du Japon est pratiquement identique à celle des Iris de Sibérie, excepté sur les trois points suivants :
- les Ensata refusent les sols calcaires et, malgré les efforts de Max Steiger (Allemagne) pour développer des variétés aptes à supporter une certaine alcalinité, nous en sommes toujours au même point, à savoir que le pH adéquat du sol se situe entre 5,5 et 6,5. Pour acidifier un sol calcaire, il faut y adjoindre terreau, terre de bruyère, tourbe, ou à défaut du sulfate d'ammonium (en quantités variables suivant le sol) ;
- les Ensata, contrairement aux Sibirica, supportent une immersion temporaire (de l'ordre de 20 cm) ; mais attention : lorsque la nappe d'eau gèle, les risques de perdre ces Iris sont importants. Des études comparatives récentes (Wood, Caroline du Nord, 1987) entre plantes immergées et plantes installées en pleine terre, ont conduit aux deux observations suivantes : premièrement, les Ensata immergés fleuriraient plus tard que ceux de pleine terre (décalage de 3 à 4 semaines) ; ensuite, les fleurs seraient plus petites pour les plantes immergées et la multiplication moins importante ;
- la résistance à la sécheresse des Ensata est toute relative et de toute façon moindre que celle des Sibirica. Les arrosages sont indispensables pendant la période de croissance, c'est-à-dire du 15 mars (reprise de la végétation) au 15 juillet environ (fin de la floraison). En plein jardin, deux arrosages copieux par semaine suffisent à ces Iris. A partir de fin juillet, il est inutile de les arroser plus que n'importe quelle autre vivace.

La fertilisation

Il est probable que les arrosages dissolvent plus vite les éléments nutritifs ; de ce fait, les Iris du Japon demandent à être bien nourris. La plantation doit donc se faire dans un terrain préalablement enrichi par une fumure organique et minérale, l'idéal étant un vieux fumier de vache parfaitement décomposé accompagné d'un engrais complet genre engrais pour camélias. Un complément de fumure apporté deux fois l'an au démarrage de la végétation, puis après la floraison, sera le gage d'une belle végétation.

Époque et profondeur de plantation

Comme les Sibirica (fin août à fin septembre ou mars) en enfouissant le rhizome de 3 à 5 cm et en écartant chaque pied d'environ 70 cm car, en bonnes conditions, le développement des Ensata est spectaculaire.

Maladies et soins

Les Iris du Japon sont particulièrement résistants aux maladies et ont peu d'ennemis. Ils peuvent parfois être la proie des vers perceurs comme les autres Iris. A ce sujet, il est prouvé que dans des plantations mixtes de grands barbus, d'Iris de Sibérie et d'Ensata, ces prédateurs attaquent d'abord les barbus, puis les Sibirica et en dernier les Iris du Japon.

Un choix de variétés

Il n'est pas vraiment facile de proposer un bon choix de variétés d'Iris du Japon ; il en existe beaucoup aux graphismes variés, aux pièces florales granitées, marbrées, striées, simples, doubles, ondulées, bordées, etc. Ce n'est donc qu'une affaire de goût de chacun.

Parmi les blancs, IMMACULATE WHITE (Mc Ewen 86) diploïde à fleur simple a notre préférence. Dans les autres variétés unicolores (bleu-violets, lilas, roses, pourpres), nous vous proposons :
- ENCHANTING MELODY (Rich 66) : fleur double (= 6 pétales). Rose lilas vif à onglets jaunes. Divisions solides et ondulées ;
- BLUE POMPON (Marx 55) : bleu-violet sombre, uniforme. Fleur double ;
- JAPANESE PIMWHEEL (Mc Ewen 88) : fleur simple, tétraploïde, rouge vin moyen à très fine mais très nette bordure claire ;
- PURPLE PARASOL (Mc Ewen 77) : violet pourpré velouté à grande fleur bien double. Coloris très uniforme et plante de belle stature.

Enfin, parmi ces fleurs aux innombrables motifs :
- SCHERZO (Payne 50) : fleur simple pourpre rouge éclaboussé et marbré de blanc. Superbe mais moyennement vigoureux ;

IMMACULATE WHITE

PURPLE PARASOL

- POPULAR DEMAND (Mc Ewen 88) : tétraploïde à fleur simple, aux pétales violets bordés de blanc et aux sépales blancs entièrement striés de pourpre bleuté ;
- CASCADE CREST (Aitken 88) : diploïde à 6 pétales, blanc bordé bleu glycine pâle ;
- KING'S COURT (Marx 61) : très grande fleur double rouge vin clair veiné de blanc, à onglet jaune cerné de blanc ;

ENCHANTING MELODY

JAPANESE PIMWHEEL

SCHERZO

– SEMIS CAYEUX (non enregistré, sélectionné en 90) : fleur double très ondulée, blanc bordé mauve rosé. Styles à crête ondulée, bordés eux aussi de mauve rosé.

Comme le disait en 1990 le docteur Currier Mc Ewen, l'avenir des Ensata viendra certainement de l'amélioration due à la tétraploïdie. En effet, à notre avis, les variétés diploïdes créées dans les années 50 n'ont pas à rougir devant les créations diploïdes des années 80-90.

Enfin, nous devrions voir apparaître de nouveaux coloris grâce aux hybridations interspécifiques entre Pseudacorus tétraploïde (Ps. DONAU) et Ensata qui donnent des fleurs formées comme des Ensata simples et généralement jaune pâle. Malheureusement, ces hybrides remarquables ne sont pas, pour l'instant, très vigoureux.

Récemment, au Japon, Yabuya et Yamagata (1980) et Kamo (1989) ont obtenu des semis provenant du croisement *I. Laevigata* × *I. Ensata*, ce qui constitue encore une nouvelle voie d'amélioration pour les Ensata.

SEMIS CAYEUX 8406 A

POPULAR DEMAND

CASCADE CREST

Les Iris "d'eau"

Déjà bien décrits dans la partie « Le jardin aquatique et les lieux humides », il convient de saluer ici les travaux de Jan Sacks, Marty Schafer et Bee Warburton aux États-Unis et de Uwe Knoepnadel et Thomas Tamberg en Allemagne pour la diversification des Versicolor et de leurs hybrides.

Hormis donc les cultivars classiques *(V. lavender, V. kermisina, V. rosea),* l'on dispose depuis une dizaine d'années de variétés différentes, intéressantes à la fois pour les lieux humides et le jardin classique :
– BETWEEN THE LINES (Schafer & Sacks 91) : Versicolor à fleur blanche veinée de bleu-violet. L'effet général est bleu très pâle illuminé d'un signal jaune ;

BETWEEN THE LINES

– ROUGETTE (Warburton 79) : Versicolor aux pétales rouge-violet et sépales rouge-violet soutenu d'aspect très velouté ;
– MINT FRESH (Warburton 83) : Versicolor à fond blanc largement veiné de magenta ;
– PARTY LINE (Warburton 88) : un très beau Versicolor pour le jardin. Pétales et sépales roses légèrement teintés mauve à veines plus foncées. Styles blanc.

Ces petits Iris (50 à 60 cm lorsqu'ils sont en fleur) sont très faciles à cultiver et prolifèrent dans de nombreux types de sols (sauf les sols trop argileux qu'il faut amender abondamment). Moins spectaculaires que les Sibirica ou les Ensata, ils n'en sont pas moins gracieux et empreints d'une simplicité toute naturelle.

ROUGETTE

PARTY LINE

◁ MINT FRESH

Les Spuria

DÉVELOPPEMENT HISTORIQUE DES SPURIA HYBRIDES

Sir Michael Foster porta un intérêt marqué à un grand nombre de catégories d'Iris et en particulier aux Spuria. C'est ainsi qu'il introduisit en Angleterre, en 1890, la variété MONSPUR, provenant du croisement de *I. monnieri* × *I. spuria*, qui est le point de départ de la plupart des Spuria hybrides actuels. Après Foster, l'intérêt pour les Spuria tombe pratiquement à zéro et ce n'est que vers 1945 qu'il redémarre avec les recherches de plusieurs semeurs américains :

– T.A. Washington, grâce à MONSPUR et *I. monnieri*, *I. halophila*, *I. ochroleuca* (aussi appelé *I. orientalis*) produit entre 1940 et 1950 les cultivars BLUE ZEPHIR, BLUE ACRES et MONTEAGLE, dont une des caractéristiques est leur feuillage caduc.

– Peu après Washington, Éric Nies réalise le croisement de MONSPUR par *I. orientalis* et recroise mutuellement de nombreuses fois les semis en résultant. Par cette

BETTY COOPER

BLUE LASSIE

ELEANOR HILL

CINNABAR RED

MYSTIFIER

méthode d'inbreeding ou endogamie (= hybridation de semis-frères), il obtient un éventail de variétés très colorées (présence de bleus, bleu lavande, bruns, bronze clair, etc.).

– A la même époque, Milliken, en Californie, crée deux variétés maintes fois utilisées ultérieurement : WHITE HERON en 1948 et WADI ZEM ZEM en 1943, hybrides d'une grande robustesse.

Vers 1960, Ben Hager, en Californie, permet aux Spuria un nouveau bon en avant en croisant *I. carthalinae* par des hybrides déjà existants : il enregistre en 1963 NEOPHYTE et en 1966 PROTEGE, dans lesquels l'on trouve du bleu mais du vrai ! Des travaux récents du Professeur Rodionenko, en Russie, ont permis l'utilisation de *I. demetrii* dans les programmes de croisements, l'intérêt de cet Iris étant son coloris violet foncé (le seul problème étant que *I. demetrii* comporte 38 chromosomes alors que les hybrides de Spuria bleus en ont pour la plupart 40, d'où beaucoup de semis stériles).

Culture et soins

Comme la plupart des Iris, les Spuria exigent une exposition ensoleillée et un sol bien drainé. Leurs rhizomes doivent être enterrés profondément (= recouverts d'environ 5 cm de terre), la bonne période de plantation se situant entre la mi-août et la mi-octobre en climat tempéré. Le pH du sol doit être neutre à légèrement alcalin. Un bon arrosage est nécessaire après la plantation jusqu'à l'enracinement des plants. L'année suivante, il faut les arroser avant leur floraison ; après c'est inutile, la plupart des variétés ayant une période de dormance durant l'été.

Les Spuria sont gourmands et avides d'humus ; un apport annuel d'engrais complet organo-minéral les aidera à se développer et fleurir longtemps, les touffes pouvent rester en place facilement dix ans, d'où un écart minimum d'1,20 m lorsqu'on les installe.

Pour le premier hiver, une bonne couverture de paille ou de feuilles ou d'écorces est une excellente précaution contre les fortes gelées. Enfin, avec les Spuria, il est illusoire d'espérer une floraison spectaculaire avant la deuxième ou la troisième année, car ils ont besoin de temps pour s'établir parfaitement.

Le problème le plus grave que l'on puisse rencontrer chez les Spuria est dû à des virus qui entraînent un enlaidissement de la plante sans provoquer sa mort. Malheureusement, on ne connaît aucun remède sinon la sélection de variétés résistantes aux virus.

Les Spuria peuvent aussi être victimes d'une forme de Botrytis se conservant dans le sol sous forme de sclérotes. A ce sujet, l'on peut se reporter aux maladies cryptogamiques des grands barbus.

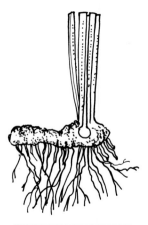

Rhizome d'I. spuria.

Variétés intéressantes et avenir des Spuria

Encore peu de créateurs d'Iris travaillent sur les Spuria, ce qui entraîne bien sûr un choix relativement restreint dans les variétés, malgré l'intérêt de ces Iris pour les scènes paysagères et l'art floral.

Voici un éventail de cultivars récents assez faciles à se procurer :
- ELEANOR HILL (Hager 80, photo p. 161) : pétales pourpre clair et sépales jaunes. Très vigoureux. Hauteur : 0,95 m ;
- BETTY COOPER (Mc Cown 82, photo p. 160) : pétales bleu lavande doux, sépales à grand cœur jaune d'or bordé du même bleu lavande. Hauteur : 1,20 m ;
- BLUE LASSIE (Niswonger 78, photo p. 160) : bleu violet clair aux sépales blanc veiné du même coloris que les pétales. Hauteur : 1 m ;
- CINNABAR RED (Niswonger 80, photo p. 161) : rouge acajou à grand signal jaune sur sépales. Hauteur : 1 m ;
- MARITIMA GEM (Hager 90) : violet soutenu à signal jaune veiné de violet. Hauteur : 0,50 m ;
- EVENING DRESS (Ghio 84) : pourpre noir profond. Un des Spuria les plus sombres. Hauteur : 1 m ;
- MYSTIFIER (Walker-Abrego 86, photo p. 161) : pétales jaune moyen, sépales jaune plus soutenu. Ondulé. Hauteur : 1,20 m.

De l'utilisation des espèces de la série Spuria sont nées les améliorations des Spuria hybrides. Certaines espèces restent peut-être à découvrir dans la nature. Par ailleurs, les voies déjà explorées n'ont sans doute pas donné toutes leurs richesses. L'expérience a prouvé que la première génération d'hybrides obtenus à partir des Spuria botaniques révèle nettement les caractères de ces derniers. Ce n'est qu'en recroisant entre eux les semis de cette première génération que l'on évolue vers des formes de fleurs plus contemporaines. Voilà, à peu de chose près, ce que Dave Niswonger écrivait en mai 1995 dans le bulletin de l'AIS à propos du futur des Spuria. Il est donc certain, compte tenu de la relative jeunesse des variétés actuelles de Spuria, que nous verrons dans les décennies à venir de notables évolutions, tant dans la gamme des coloris que dans la forme des fleurs et la hauteur des variétés.

Les Iris de Louisiane (Louisiana)

DÉVELOPPEMENT HISTORIQUE

Provenant des espèces de la série Haxagonae, les Iris de Louisiane hybrides sont devenus, en moins de cinquante ans, une des catégories d'Iris les plus appréciées. Issus de contrées humides et chaudes, où les Iris barbus sont mal adaptés, ils peuvent aujourd'hui, pour certains, s'acclimater dans des contrées nettement plus fraîches (jusqu'au Canada). Le fait que le jardin aquatique se développe considérablement devrait encore accroître l'intérêt pour les Louisiana.

Si l'évolution des Louisiana a été phénoménale depuis une cinquantaine d'années, il n'en demeure pas moins que la connaissance des quatre espèces suivantes remonte assez loin :
- *I. fulva* (photo p. 53) est décrit dès 1812 par Ker-Gauwler et on le trouve de la Nouvelle-Orléans au Missouri dans des lieux humides légèrement ombragés ;
- *I. brevicaulis* est connu dès 1817 (Rafinesque) et rebaptisé *I. foliosa* par Mc Kenzie et Bush en 1902. Il fait preuve d'une bonne rusticité et est intéressant pour l'hybridation (photo p. 53) ;
- *I. giganticaerulea* est baptisé un peu plus tard que les deux précédents par Small en 1929. Il ne se développe à l'état sauvage qu'en Louisiane et contrairement à *I. foliosa*, plutôt court, *I. giganticaerulea* varie en hauteur de 1 m à 1,80 m ;
- *I. nelsonii* (photo p. 53) est l'exception ; sa description ne date que de 1966 (Randolph). *I. nelsonii* est cependant connu précédemment sous le nom d'« Abbeville Reds » ou de « Super fulvas » (son aire naturelle très réduite bordant le village acadien Abbeville) grâce à W.B. Mc Millan qui les découvre en 1929 dans des marécages bordant le Bayou Vermilion.

De 1925 à 1940, de nombreux hybrides naturels, voire espèces sauvages, sont récoltés dans le sud de la Louisiane par des jardinières passionnées : Mary Swords Debaillon de Lafayette, Caroline Dormon de Briarwood, Lilian Hall Trichel de Shreveport, Mrs B. L. Randolph d'Alexandrie, Cammie Henry de Melrose et Mrs. B. S. Nelson de la Nouvelle-Orléans. C'est le démarrage d'échanges fructueux et de l'expansion des Louisiana chez les producteurs d'Iris. Enfin, en 1941, débutent des travaux d'hybridation plus sérieux grâce à Ira S. Nelson qui s'installe à l'université du Sud-Ouest de la Louisiane. En 1941, naît aussi la société des Iris de Louisiane.

Depuis, les obtenteurs n'ont cessé de progresser, Perry Dyer y voyant l'explication suivante : « L'essor des hybrides de Louisiana est lié à deux phénomènes : la découverte de *I. nelsonii* qui permit l'apport de coloris jusqu'alors inconnus dans les Louisiana, et la création en 1978 par M. Arny de la variété CLARA GOULA, blanc crème aux pièces florales bien ondulées, forme inexistante chez les hybrides l'ayant précédé. CLARA GOULA est aux Louisiana ce que SNOW FLURRY fut aux grands barbus. » (P. Dyer, AIS, bulletin de mai 95).

Dernière date importante : 1993, année où la société des Iris de Louisiane est officiellement reconnue par la société américaine des Iris. Elle comporte environ 500 membres, pour la plupart américains, mais aussi australiens, les Louisiana étant très populaires là-bas (plusieurs Louisiana ont d'ailleurs remporté la médaille de Dykes australienne).

CULTURE ET SOINS

• Ces Iris demandent un sol légèrement acide riche en matière organique. En présence de sols calcaires, il faut absolument ajouter de la terre de bruyère, voire de la tourbe, pour faire baisser le pH. L'adjonction de fumier parfaitement décomposé est une très bonne chose, à condition de l'enfouir suffisamment à l'avance (environ 2 mois).

Comme les Ensata, le rhizome des Louisiana doit être bien enterré et recouvert de 5 cm de terre. L'époque de plantation peut différer suivant les régions : en climat méridional ou tempéré, l'on peut planter entre fin août et début octobre alors qu'en zone plus continentale, une plantation au début du printemps est préférable.

• Originaires de régions humides et arrosées, il est bien évident que les Louisiana supportent mal les périodes de sécheresse, d'où un arrosage suivi du début de leur croissance à la fin de leur floraison, c'est-à-dire de mi-mars à fin juin (dans le bassin parisien, leur floraison prend le relais des grands Iris et s'étend donc du début juin au 20/25 juin).

• Un peu moins dépendants de l'ensoleillement que les autres Iris, un minimum de 4/5 heures de soleil leur est indispensable pour une bonne floraison. Ils peuvent donc être installés sous des arbres au feuillage léger qui laisse filtrer les rayons du soleil.

• Les mulchs ou paillis sont particulièrement bénéfiques aux Louisiana : ils maintiennent la fraîcheur du sol mais surtout, ils protègent les rhizomes des brûlures du soleil lorsque ceux-ci remontent vers la surface.

• Les rhizomes des Iris de Louisiane ayant tendance à s'allonger dans toutes les directions, un écart de 50/60 cm doit être respecté à la plantation si l'on ne veut pas les déplacer avant 3 ou 4 ans.

• **Ennemis des Louisiana.** Ces Iris sont assez rustiques et résistants aux maladies. Ils peuvent cependant souffrir de la rouille que l'on peut partiellement éviter en n'employant pas d'engrais trop riches en azote et en utilisant des engrais très organiques. Il faut aussi se méfier des lapins ainsi que des limaces et escargots mis en appétit par leur tendre feuillage.

Variétés utilisables sous nos latitudes

Grâce aux travaux des hybrideurs, un certain nombre de cultivars peuvent désormais agrémenter nos jardins aux hivers frileux et nous leur devons une grande reconnaissance tant il est vrai que peu d'Iris peuvent rivaliser avec l'éclat et la pureté des bleus et même des rouges rencontrés chez les Louisiana. En voici donc un petit échantillonnage :

- ACADIAN MISS (Arny 80) : blanc pur très ondulé ;
- COUP DE GRÂCE (Dunn 91) : pétales rose orchidée sombre et sépales rouge vin ;
- COUPE DE VILLE (Dunn 91) : cuivre rosé ;
- ÉMIGRÉ (Dunn 90) : bleu moyen veiné de mauve. Branchu ;
- FLIGHT OF FANTASY (Taylor 89) : pétales blanc bordé violet. Sépales violets bordés plus clair. Signal jaune cerné de blanc ;
- KOORAWATHA (Taylor 87) : jaune doré à gorge verte. Ondulé. Fils de CLARA GOULA ;
- MARY'S CHARLIE (Dunn 82) : fuchsia à signal jaune. Légèrement ondulé ;
- SATCHMO (Dunn 87) : bleu pourpré brillant, le cœur des sépales étant proche du noir ;
- BRYCE LEIGH (Chowning 77) : lavande pâle. Signal jaune bordé de brun ;
- FAIT ACCOMPLI (Dunn 90) : grand rose très rose aux styles verts.
- RAPPORT (Dunn 90) : joli bleu moyen à signal jaune teinté de vert.

RAPPORT

PROFESSOR NEIL

COUPE DE VILLE

L'avenir des Louisiana

En très grande majorité, les Louisiana proposés dans les catalogues actuels sont des variétés diploïdes, les premiers tétraploïdes ayant été enregistrés en 1972.

A l'instar des Iris du Japon, l'on peut imaginer que la tétraploïdie entraînera des progrès dans la catégorie des Iris de Louisiane, mais compte tenu de l'histoire nettement plus récente de ces derniers, les diploïdes et leurs croisements ont encore de beaux jours devant eux, et ce d'autant plus que le passage à l'état tétraploïde a induit des problèmes de stérilité chez les hybrides, ralentissant sérieusement la création de telles variétés (environ 30 sont enregistrées à ce jour). PROFESSOR NEIL (Mertzweiler 92) rouge profond à large signal jaune est un bon exemple de ces nouveaux Louisiana.

D'autres voies nouvelles apparaissent avec le croisement de *I. Virginica* (diploïde/série Laevigatae) et d'un Louisiana tétraploïde réalisé par Ken Durio très récemment, le résultat à mi-chemin entre les deux Iris est très prometteur. Ceci est encore un bon exemple illustrant le fait que le monde des Iris n'a pas fini de nous surprendre par ses évolutions. S'il existait des pionniers à la fin du XIXe siècle, la fin du XXe n'en est pas non plus dépourvue !

Les Iris bulbeux de nos jardins

Ce sont ceux des genres Xiphium et Iridodictyum.

IRIS BULBEUX DU GENRE XIPHIUM

Tout le monde connaît les Iris dits de Hollande, ne serait-ce que pour en avoir vu dans les vitrines des fleuristes. Ils font l'objet d'une véritable industrie aussi bien en Europe qu'aux États-Unis, étant forcés pour produire des fleurs toute l'année. Une infime partie des bulbes produits atterrit dans les jardins d'amateurs, ces amateurs étant condamnés à acheter ces bulbes dans les jardineries ou chez les généralistes, les spécialistes de l'Iris ayant délaissé cette production.

Quelques notions d'histoire

Les Iris de Hollande n'ont de hollandais que le nom. En fait, ils furent importés d'Espagne et du Portugal au XVIe siècle, les Hollandais ayant eu le mérite d'effectuer des semis dès cette époque. C'est cependant en France, à Paris, que l'on trouve la première liste de variétés horticoles chez le fleuriste P. Morin en 1667.

Le début des véritables hybridations de ces Iris originaires d'Espagne, du Portugal mais aussi d'Algérie, se situe vers 1900. Les frères Hoog de la maison Van Tubergen réalisent toute une série de croisements impliquant *X. tingitanum*, *X. vulgare*, var. LUSITANICA et *X. filifolium*, le résultat étant la création d'une nouvelle race d'Iris.

A propos de cette nouvelle race d'Iris, Monsieur C.G. Van Tubergen junior dans *Les Iris cultivés 1923-1929* explique la création de la dénomination « Iris de Hollande » : « Un de nos confrères anglais visitant nos cultures dans les derniers jours de mai, au moment de la pleine floraison, fut tellement frappé par la beauté des fleurs et la floribondité de ces Iris, qu'il eut l'amabilité de proposer de leur donner le nom d'Iris de Hollande que nous avons adopté. Nous connaissons déjà les Iris d'Angleterre, les Iris d'Espagne, les Iris du Japon, les Iris germanica. La désignation du nom d'Iris de Hollande pour une race créée dans ce pays était donc justifiée. »

A côté des Iris d'Espagne et des Iris de Hollande, existent ceux d'Angleterre qui, non plus, ne sont pas originaires de Grande-Bretagne mais des Pyrénées et descendent de *X. Latifolium*.

Pour clore cet aspect historique, nous ne pouvons résister à la charmante définition de l'Iris d'Angleterre donnée par de Lobel en 1581 (*Les Iris cultivés 1923-1929*) : « Ce n'est certes pas un Iris, car la feuille et le bulbe sont bien différents des parties

COQUETTERIE

CAYEUX

J. FARVACQUES.

correspondantes chez les Iris que je connais ; ce n'est pas non plus un lis ou un glaïeul, comme d'autres le croient, donc, ce doit bien être la jacinthe des poètes, telle que nous la dépeint la mythologie ». Il l'appela donc pour cela « la jacinthe à fleurs d'Iris des poètes, croissant en Angleterre. »

Compléments d'information sur leur culture

Les notions de base figurant dans la partie classification, nous n'allons faire que donner quelques précisions.

• **Iris de Hollande ou d'Espagne** – Peu chers à l'achat, il est sans doute préférable de les utiliser comme des plantes annuelles en se débarrassant des bulbes après leur floraison printanière.

Toutefois, lorsque l'on souhaite multiplier une variété particulière, il faut procéder de la façon suivante : on arrache les bulbes lorsque les parties aériennes sont mortes et l'on pratique une division par éclatement des nouveaux bulbilles nés après floraison. Ces petits bulbes que l'on replante à l'automne ne fleurissent généralement que deux ans après.

Dans les régions humides, il est souhaitable d'arracher les bulbes dès que le feuillage jaunit et de stocker les bulbilles dans un endroit sec et bien ventilé (si ce stockage doit durer plus d'un mois, il vaut mieux alors disposer les bulbes dans du sable sec ou de la vermiculite pour éviter qu'ils ne se rident).

• **Iris d'Angleterre** – Leur culture diffère un peu de celle des Iris de Hollande et d'Espagne et ne ils ne peuvent être stockés à l'air libre très longtemps. Contrairement aux précédents, la pousse du feuillage ne commence pas en automne ; ils résistent donc mieux aux froids de l'hiver et fleurissent nettement plus tard, à peu près en même temps que les Iris du Japon. La profondeur de plantation est aussi plus importante : 12/15 cm contre 7/10 cm pour les autres Xiphium.

Si l'on doit choisir entre Iris de Hollande ou d'Espagne et Iris d'Angleterre, il faut le faire en fonction de sa situation géographique : les premiers réussissent mieux dans des zones où les étés sont plutôt chauds, les seconds dans des régions comme la Bretagne ou la Normandie. À propos des Iris de Hollande, il faut tout de même souligner que dans certains terrains, ils se naturalisent remarquablement (sols argilo-siliceux perméables) ; a priori ils craignent les sols très calcaires, desséchants mais aussi les vers perceurs et le botrytis.

Les variétés et l'obtention des Xiphium par semis

Les Iris d'Angleterre sont souvent vendus en mélange de couleurs ou simplement par coloris (blanc, lavande, rose, orchidée, pourpre, bleu...) car, avec le temps, ils deviennent porteurs de virus qui provoquent des anomalies de la coloration. On a, pour cette raison, constamment besoin de renouveler les variétés par semis (les semis n'étant pas porteurs du virus).

Le cas des Iris de Hollande est tout autre et, chaque année, naissent de nouvelles variétés qui remplacent les anciennes. Malgré tout, certains vieux cultivars restent à la mode. Voici quelques noms de variétés largement répandues : BLUE CHAMPION, BLUE GIANT, DOMINATOR pour les bleus ; COVENT GARDEN, GOLDEN EMPEROR, LEMON QUEEN pour les jaunes ; ANGELS WINGS, WHITE VAN VLIET pour les blancs, etc.

Iris bulbeux du genre Iridodictyum

Ce sont ceux de l'ancienne section Reticulata, Iris bulbeux miniatures. Certaines espèces de la section Iridodictyum ont été utilisées par la firme Van Tubergen en Hollande et aussi en Angleterre pour créer un bon éventail de variétés dont le grand atout est de fleurir au tout début du printemps, parfois même avant. Pour leur culture, vous pouvez vous reporter à celles des espèces et aux pages consacrées aux Iris pour le jardin sauvage.

En principe, il est possible de se procurer les variétés suivantes :
- CANTAB : variété ancienne bien vivace. Bleu pâle à spot orange sur les sépales ;
- CLAIRETTE : bleu deux tons ;
- HARMONY : issu du croisement de *I. histroides* MAJOR par *I. reticulata*, c'est une des plus désirables variétés qui soit. Bleu ciel soutenu à raie médiane jaune sur les sépales ;
- KATHERINE HODGKIN : récent hybride anglais issu du croisement de *I. histroides* MAJOR × *I. danfordiae*. Grande fleur presque blanche infusée de jaune pâle et d'azur ;
- PAULINE : récent. Pourpre violet à spot blanc ;
- VIOLET BEAUTY : pétales violets, sépales plus soutenu à marque orange. Cultivar vivace et se multipliant bien.

Ce ne sont là que quelques exemples de variétés désirables produites par des semeurs hollandais ou anglais. Depuis peu, W.P. Van Eden a produit, en Hollande, de nouvelles variétés de grande qualité (EDWARD, GEORGE, GORDON, IDA, MICHAEL et NATASCHA), représentant de nettes améliorations au sein de cette catégorie si utile pour les jardins de rocaille.

◁ Assortiment d'Iris de Hollande

LA CRÉATION DE NOUVELLES VARIÉTÉS DE POGONIRIS

Pourquoi hybrider ?

L'hybridation* entre cultivars ou espèces d'Iris est assurément le moteur du progrès ; sans elle, nous n'en serions encore qu'aux Iris dits botaniques. Si nombre de ces Iris botaniques sont d'une grande beauté, ils n'ont en général pas les qualités horticoles requises pour être de bonnes plantes de jardin (floraison courte, manque de rusticité, manque d'adaptabilité à différents climats, etc.).

Le but de ce dernier chapitre n'est donc pas d'expliquer en détail les mécanismes de l'hérédité mais plutôt de montrer à quel point les croisements d'Iris et la création de nouvelles variétés ne sont pas réservés à quelques sorciers professionnels, que les procédés techniques sont simples, et que cela peut procurer beaucoup de plaisir.

Ancien modèle de fleur d'Iris des Jardins.

En parcourant les pages qui précèdent ou en feuilletant les catalogues des professionnels français, vous avez sans doute été frappés par l'abondance de noms anglais portés par les Iris. L'attrait qu'exercent les plantes vivaces en général, et les Iris en particulier, est, il est vrai, plus fort que chez nous en Angleterre et aux États-Unis mais ce n'est pas la principale raison. Près de mille variétés d'Iris sont enregistrées chaque année aux États-Unis, ce qui est considérable. A peine un quart d'entre elles provient du travail des professionnels, le reste étant le fait d'amateurs. La Société Américaine des Iris comportait entre 1994 plus de 8 200 membres (6 500 en 1980) dont près de 600 s'adonnant au « hobby » de l'hybridation. Vous pouvez donc imaginer facilement les milliers de croisements en résultant et les centaines de nouveautés produites. En 1995, la Société Française des Iris et Bulbeuses comptait environ 500 adhérents dont seulement une dizaine d'amateurs et trois professionnels créateurs de nouvelles variétés.

---

* En fait, le terme hybridation concerne une fécondation entre deux espèces ou hybrides naturels alors que le croisement est le mariage de deux clones ou variétés de même espèce (malgré ce, nous employons indifféremment les deux termes).

Si vous souhaitez vous lancer dans les croisements et participer ainsi à l'évolution des Iris, sachez que la place est rarement un facteur limitant. En effet, 100 m² suffisent à la culture d'environ 1 000 semis par an. A ce propos, lors de nos voyages en Orégon, nous avons pu constater que les amateurs se consacrant à l'hybridation possédaient, le plus souvent, des jardins situés en pleine ville et de taille modeste (a contrario, leurs obtentions ne pouvaient être qualifiées de modestes).

Comment hybrider ?

AXIOMES DE L'HYBRIDEUR

Si l'abeille ou le bombyloïde pollinise activement mais au hasard les fleurs d'Iris, il n'en est pas de même pour le passionné d'Iris qui dépose le pollen choisi sur des fleurs préalablement sélectionnées, sélection qui doit ou devrait être issue de la démarche suivante : tout d'abord, se fixer un but, puis choisir les parents et enfin, ne pas craindre d'être sévère dans ses jugements.

Se fixer un but (et s'y tenir)

C'est à notre avis une des clés de la réussite. La richesse génétique de l'Iris est si importante qu'il est nécessaire d'orienter ses sélections, de se cantonner dans un domaine bien délimité que l'on aura choisi en fonction de ses goûts personnels. A propos de goûts, le fait que nous traitions simplement de la création des Iris barbus ne signifie pas que nous dédaignons les autres. En fait, la démarche à suivre, théorique ou pratique, est identique quelle que soit la catégorie d'Iris que l'on entreprend d'améliorer. Il est tout aussi méritoire de croiser des Sibirica, des Ensata, des Spuria... que des grands Iris (la nature de votre sol peut même orienter votre choix vers telle ou telle catégorie d'Iris) mais il est assez illusoire de penser qu'une seule et même personne puisse valablement travailler sept ou huit espèces différentes, un amateur ne disposant, par définition, que d'un temps limité.

Quels buts poursuivre ? Ils peuvent être multiples ; en voici quelques-uns : l'intensification d'une couleur déjà existante, l'obtention de nouvelles combinaisons de teintes, la modification de la forme de la fleur, l'accroissement du nombre de boutons floraux, l'amélioration de la substance de la fleur, une prolificité plus grande, l'obtention d'une hampe florale bien étagée, l'apport de gènes de résistance aux maladies, changement de la couleur de la barbe ou de sa forme (voir p. 172 et 173 les 7 photos de barbe), etc., l'idéal étant, bien sûr, de réunir tous les critères de qualité sur une même plante.

Une autre nécessité de limitation des objectifs provient du fait que, très souvent, il faut plusieurs générations de croisements pour atteindre son but, ce qui entraîne une multiplication du nombre de semis à juger :
- en première année, l'on part de deux sujets A et B en répétant le croisement 10 fois pour avoir une bonne chance de réussite, on obtient 2 à 3 ans plus tard, 150 à 250 semis ;
- sur ces 150/250 plantes, il est possible que 5 présentent, en partie seulement, les caractères désirables, d'où la nécessité de recroiser mutuellement ces semis frères pour concentrer sur une même plante tous les bons caractères.

Les coloris et les formes des barbes peuvent être multiples comme l'illustrent les quelques exemples de ces deux pages. Bien souvent, les hybrideurs s'attachent à faire varier cette barbe qui, il est vrai, apporte beaucoup de caractère à la fleur.

5 semis $\Rightarrow$ 10 croisements possibles $\times$ 2 (croisement fait dans les deux sens) $\times$ 5 fois (= répétés)

$\Rightarrow$ 50 à 70 capsules de graines

$\Rightarrow$ 2 000 à 2 800 graines récoltées

$\Rightarrow$ 1 000 à 1 400 semis à repiquer

Cet exemple vous montre que l'on atteint très vite le seuil des 100 m², donc à moins de posséder un grand jardin et beaucoup de temps libre, l'on doit bien faire le choix d'objectifs limités quantitativement. De plus, et toujours à cause du potentiel génétique si riche des Iris, en restant fidèle à votre but, il vous arrive fréquemment de trouver, à l'intérieur d'un ou plusieurs croisements, des voies inattendues parfois intéressantes à exploiter.

Choisir les bons parents

Votre but est fixé, il faut maintenant sélectionner les variétés à hybrider, et les bonnes car c'est le meilleur moyen de se rapprocher du but, non pas à coup sûr mais plus rapidement.

En débutant, on a souvent tendance à supposer qu'en croisant deux jaunes ensemble ou deux roses, voire un bleu par un blanc, on obtiendra dans la descendance un moyen terme entre les deux parents. Neuf fois sur dix, il n'en est rien. Nos Iris actuels sont, en effet, le résultat d'hybridations à la fois nombreuses et diverses faisant que les lois de Mendel sur l'hérédité sont moins facilement applicables car nous ne sommes pas en présence de lignées pures. Il faut donc, en fonction de l'objectif défini, essayer de trouver des parents ayant le plus possible les caractères recherchés, non seulement en eux mais aussi dans leurs antécédents. Il est donc nécessaire de tenir à jour la généalogie de vos propres semis et de bien connaître celle des variétés que vous possédez. Ce travail est facilité par les « chek lists » de l'American Iris Society qui publie tous les ans l'origine des Iris enregistrés par elle.

Ces recherches généalogiques sont très intéressantes en elles-mêmes et riches d'enseignement car elles permettent souvent de découvrir certaines plantes meilleurs parents que d'autres et de vous éviter ainsi pas mal de tâtonnements. Faites-en recherche l'hiver, à tête reposée, de façon à ne pas perdre de temps à l'époque des croisements.

Juger sévèrement les semis obtenus

Tout s'est bien déroulé et vous contemplez le fruit de deux à trois années de patience en vous demandant quels sujets garder avec la tentation, bien légitime, d'en éliminer le moins possible.

Cependant, votre but étant de créer des Iris supérieurs à ceux déjà existants, il faut trancher et ne retenir que ce qui est une réelle amélioration, plus des sujets destinés à être recroisés car présentant un ou plusieurs caractères améliorateurs (en même temps que quelques imperfections) ; ces Iris « imparfaits » sont en quelque sorte des brouillons.

Le bon choix implique une connaissance assez large de ce qui existe déjà : en vous documentant dans les meilleurs catalogues, en rencontrant d'autres passionnés d'Iris et en visitant les collections professionnelles ou amateurs, vous parviendrez à acquérir un œil incisif et juste pour juger vos obtentions.

En ce qui concerne les grands Iris, les critères actuels de sélection sont les suivants :

- **forme des fleurs** : pétales ne s'ouvrant pas, sépales larges (non rétrécis au niveau de la barbe), semi-horizontaux ou horizontaux, ondulés (ce qui donne de la solidité et de l'élégance à la fleur) ;

- **substance des fleurs** : les pièces florales doivent être épaisses, ce qui leur procure une meilleure résistance à la pluie et plus de longévité ;

- **proportions entre végétation et fleurs** : pas de grosse fleur sur une végétation malingre (tige courte, flexible) ni de petite fleur sur une tige forte ;
- **nombre de boutons et branchement des hampes** : il faudrait s'abstenir de croiser entre elles des variétés dont la hampe porte moins de sept boutons car cette quantité conditionne la durée de floraison. Il faut aussi éviter les plantes à branchement trop haut (fleurs rassemblées en haut de la tige) ou trop serré sur la tige (donne un effet de grappe pas très esthétique) ;
- **hauteur de la hampe** : pour un grand Iris, elle ne doit pas être inférieure à 0,75 m. L'excès en hauteur (au-delà de 1,10 m) est aussi un défaut car, chargées de fleurs, les tiges ne résisteraient pas au vent ;
- **qualités de végétation** : bonne prolificité. Variétés dont les feuilles n'ont pas trop tendance à se tacher (certaines sont plus sensibles que d'autres) ;
- **couleur** : c'est là que votre goût intervient. Il faut de préférence éviter les fleurs à gorge tigrée autour de la barbe et ceci pour la netteté de l'ensemble.

LES MÉTHODES D'AMÉLIORATION

Il existe deux stratégies : l'endogamie et l'exogamie. (Les Anglo-Saxons parlent de line-breeding et d'outcrossing).

L'endogamie (ou « line-breeding » ou « inbreeding »)

Dans l'endogamie, on croise mutuellement les semis frères, éventuellement génération après génération, pour éradiquer certains défauts et réunir ou accentuer leurs qualités.

Le défaut de cette méthode est sa lenteur : par contre, elle ne laisse que peu de place au hasard. Si l'endogamie ne permet pas forcément l'obtention rapide de la nouveauté, elle est un gage certain de très haute qualité des Iris obtenus.

A titre d'exemple, nos deux semis 9022 B et 9022 C (photos ci-contre) méritent d'être croisés ensemble : le premier a une bonne forme mais une couleur un peu claire, le second, une bonne intensité mais une forme défectueuse. Ainsi, l'on espère réunir bonne forme et intensité du jaune.

L'exogamie (ou « out-crossing »)

Son but est d'obtenir plus vite quelque chose d'inédit ou des améliorations dans le branchement, le nombre de boutons, la substance... Il s'agit donc de croiser des Iris aux origines bien différentes mais répondant aux critères de sélection précédemment définis. Le défaut de l'exogamie est que l'on ne sait pas du tout ce que l'on obtiendra, mais bien sûr, pour certains, ce défaut peut être source de plaisir, le résultat obtenu n'étant pas imaginé au départ.

Quelle méthode choisir ?

Si votre but est l'intensification d'un coloris ou l'amélioration de la forme, il faudra employer l'endogamie. Si, par contre, l'on souhaite créer du nouveau (par exemple, l'apport d'une barbe bleue sur une fleur jaune ou l'obtention de fleurs à pétales colorés et sépales blancs), le recours à l'exogamie est dans un premier temps indispensable. Ensuite, l'on devra de nouveau pratiquer l'endogamie avec toujours une optique de haute qualité, de pureté du contraste, etc.

SEMIS 9022 B

SEMIS 9022 C

L'HYBRIDATION CÔTÉ PRATIQUE

Sans être un jeu d'enfant, la pratique des croisements est fort simple dès lors que l'on s'y prend au bon moment et que l'on connaît l'anatomie d'une fleur.

A quel moment polliniser ?

- Ne pas opérer par temps humide car il faut que les anthères soient sèches.
- Choisir une fleur fraîchement ouverte car à ce moment le stigmate est visqueux et le grain de pollen adhère mieux. On peut même opérer lorsque la fleur n'est pas entièrement ouverte, on évite ainsi que les insectes passent avant.
- Ne pas opérer non plus par temps trop chaud et trop sec, car alors le stigmate est desséché et le pollen n'adhère plus.

Il est bien difficile, malgré les points énoncés ci-dessus, de vous dire à quel moment de la journée il faut polliniser, l'essentiel étant que les anthères soient déhiscentes (le pollen apparaît alors nettement, sous forme de petits grains) et que le stigmate ait de la consistance (ni desséché, ni replié sur lui-même).

Comment polliniser ?

- Le prélèvement de l'étamine ne nécessite pas forcément une pince mais, si l'on veut conserver la fleur intacte, il est préférable de s'en munir.

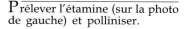
Prélever l'étamine (sur la photo de gauche) et polliniser.

177

– Le dépôt du pollen sur le stigmate d'une autre fleur s'effectue en faisant glisser l'étamine délicatement sur la lèvre du stigmate (côté concave de l'étamine vers le sol).

Repérage de la fleur pollinisée

– Avant de déposer le pollen, une petite astuce consiste à ôter les sépales de la fleur pour la retrouver facilement dans un groupe bien fleuri et éviter aussi le retour d'insectes pollinisateurs.

– Ensuite, une petite étiquette est ficelée à la base de l'ovaire : elle porte le numéro du croisement, numéro que l'on reporte sur un carnet avec les origines.

Exemple de numérotation :

9601 = ALIZÉS × CONDOTTIERE (3) ← nombre de fleurs pollinisées
récepteur   variété
du pollen fournissant le pollen

(96 = année du croisement)

Ce n'est qu'en procédant ainsi que l'on connaît l'origine des Iris qui naîtront de ces croisements ; cela permet aussi de repérer quels caractères sont transmis par telle ou telle variété.

– Enfin, il y a lieu de tuteurer la tige portant la ou les fleurs croisées et ce pour deux raisons : la casse possible par vent ou orage de la base de la tige et la rupture entre la tige et le fruit occasionnée par les oiseaux qui ont tendance à se percher sur ce dernier (le tuteur doit donc être un peu plus haut que la hampe).

Comment voir si la fécondation a bien eu lieu ?

Rapidement, la capsule commence à grossir. Par contre, s'il apparaît à sa partie supérieure une coloration jaune, c'est que la fécondation n'a pas eu lieu ; il faut alors recommencer le croisement.

Lorsque le fruit commence à grossir, il est préférable de retirer les autres branches de la tige et les spathes dans lesquelles l'eau peut s'accumuler, augmentant ainsi les risques de pourriture à la base du fruit.

Fruit récolté.

Il faut compter environ deux mois depuis le jour du croisement jusqu'à la récolte des fruits, mais là encore, les conditions climatiques jouent. S'il fait très chaud et très sec, cette durée peut être plus courte. En fait, il faut récolter le fruit lorsqu'il brunit et surtout avant qu'il ne s'ouvre, puis stocker ces fruits au sec jusqu'à début octobre pour que les graines sèchent.

Quand doit-on récolter les graines ?

Certains sèment les graines vertes avant maturité complète, mais il nous semble préférable de les semer mûres (ridées et dures). Une des meilleures méthodes consiste à semer les graines dans des pots de terre cuite assez grands (15 à 20 cm de profondeur et 15 cm de diamètre) et des les recouvrir d'un centimètre de terre puis d'un centimètre de sable. Il est ensuite très important d'arroser pour ramollir la pellicule dure entourant les graines. Le mélange que l'on met dans le pot peut être ainsi constitué : 1/3 de bonne terre de jardin + 1/3 de terreau + 1/3 de sable, sans oublier un drainage au fond du pot (gravillons ou tessons de terre cuite).

Une fois le semis terminé, les pots sont placés en châssis froid durant tout l'hiver, le froid aidant à lever la dormance qui empêche les embryons de se développer.

Le semis des graines

Semis prêts au repiquage.

Sous châssis, dès fin février, les semis pointent. Dès ce moment-là, ne laissez jamais le substrat se dessécher et progressivement, lorsque monte la température, découvrez les châssis.

A partir du moment où les graines germent

Le repiquage peut se faire dès que les semis sont suffisamment robustes (hauteur de l'ordre de 10 cm). Pour les sortir du pot facilement, mouillez fortement et puis tirez délicatement en tenant les plantules par leur base.

Remarque : les graines peuvent mettre deux années à germer. C'est pourquoi, il faut tirer les plantules avec précaution pour ne pas emmener les graines non germées.

De la plantule repiquée *Si le repiquage a pu être fait de bonne heure (fin avril) et si la croissance a été*
à la première floraison rapide durant l'été, nombre de semis fleuriront en première année (c'est-à-dire deux ans après le croisement). Sinon la floraison aura lieu en deuxième année.

Remarque : il faut veiller régulièrement à ce que les limaces ou les escargots, parfois les lapins, ne viennent pas se régaler des tendres tissus des plantules.

Champs de semis (photo de gauche) et élimination des mauvais sujets (à droite).

Semis sélectionné (repéré).

Facteurs de réussite et techniques de laboratoire

Si l'hybrideur débutant a besoin d'une bonne dose de patience pour contempler ses premiers semis, il doit aussi faire preuve de ténacité et ne pas se démoraliser lorsque ses croisements ne « prennent » pas. Les printemps bien arrosés sont loin de favoriser la fertilisation et il n'est pas rare d'avoir à recommencer tel ou tel croisement lorsqu'une averse survient une à deux heures après avoir été effectué. Dans nos propres lignées, nous obtenons environ 50 % des croisements réussis chaque année. Bien entendu, suivant les lignées auxquelles on s'intéresse, les pourcentages de réussite peuvent largement différer : il semblerait d'ailleurs que la pratique intensive de l'inbreeding provoque une baisse de la fertilité.

Certains cultivars sont stériles ou semi-stériles, la semi-stérilité étant assez répandue parmi les variétés d'Iris : SNOW FLURRY, géniteur exceptionnel, est bien connu pour la stérilité de son pollen ; par contre, utilisé comme récepteur du pollen, il produit de nombreuses graines. Ceci pour expliquer qu'il est prudent, lorsqu'on le peut, de réaliser le croisement dans les deux sens (A $\times$ B et B $\times$ A) et ne pas hésiter à croiser de nombreuses fleurs pour augmenter les taux de réussite et, par conséquent, la quantité de semis qui fleuriront.

S'il n'y avait que la semi-stérilité, nous serions heureux ; hélas, il existe aussi des phénomènes d'interstérilité : imaginons trois semis ou trois cultivars que nous nommerons « merveilleux », « splendide » et tout simplement « joli ». Vous désirez, c'est normal, croiser « merveilleux » par « splendide » (et réciproquement). Malheureusement, cela ne fonctionne pas alors que « merveilleux » par « joli » et « splendide » par « joli » réussissent. A ce moment-là, vous êtes en présence d'interstérilité, particulièrement nuisible lorsque l'on désire croiser des frères de semis mutuellement (= inbreeding) et que cela ne donne rien, car alors il sera nécessaire de rechercher des clones de lignées et de caractères proches pour obtenir un résultat qui ne sera pas forcément celui que l'on avait fixé dans sa stratégie.

Enfin, certaines capsules contiennent beaucoup de graines (en moyenne de 30 à 50), d'autres très peu (10, voire moins). De plus, toutes les graines ne germent pas. Toutes les étapes, de la pollinisation au transfert des plantules à la culture de plein-champ occasionnent des pertes, pertes qui dépendent des cultivars choisis, des facteurs météorologiques et des soins apportés aux jeunes semis. Il serait d'ailleurs intéressant, d'un point de vue statistique, de compter pour chaque croisement le nombre de graines obtenues et, en fin de chaîne, le nombre de semis qui fleurissent.

L'explication de ces manques de réussite ne doit pas décourager votre âme d'hybrideur ; l'émotion que l'on éprouve lors de l'épanouissement de ses premiers « enfants » vient largement contrebalancer les moments de baisse de moral.

La culture *in vitro* d'embryons de graines d'Iris n'est pas nouvelle : Randolph et Cox l'ont décrite dès 1945. Cette technique de laboratoire est surtout utile dans les cas de germination difficile ou pour des stocks de graines minimes issus de croisements très délicats et prometteurs. Le principe est assez simple, il s'agit de pratiquer l'excision de l'embryon et de le plonger dans un milieu de culture à base de gélose (Agar) contenant tous les éléments nutritifs nécessaires au développement harmonieux d'une jeune plante, que le récipient soit un tube à essai ou tout autre

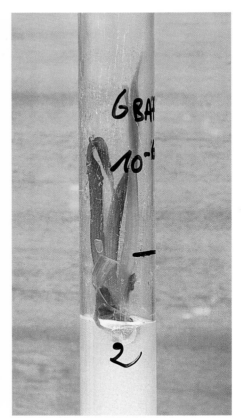

Cal issu d'un fragment de jeune hampe florale (photo de gauche).

Différenciation de la partie aérienne d'une plantule (photo du milieu).

Développement de la plantule prélevée sur le cal et changée de milieu de culture (photo de droite).

Plantules en milieu d'enracinement.

bocal important peu. Ce procédé, que les professionnels utilisent assez rarement, nécessite des installations assurant la stérilité des milieux de culture et des outils employés. En effet, toutes les spores de champignons et les bactéries présentes dans l'air ambiant et autour de l'embryon ont très vite fait de contaminer le milieu de culture, ce qui se révèle catastrophique.

Nous avons, personnellement, déjà pratiqué la culture embryonnaire sans pour autant pouvoir conclure sur ses avantages par rapport à la méthode traditionnelle. Il faut préciser que les embryons mis en culture ne provenaient pas de croisements trop précieux, ni de graines à faible pouvoir germinatif. Pour certains (J.D. Taylor, rapport du congrès international d'Iris à Orléans en 1978), il y aurait une corrélation entre la qualité d'une obtention et le pouvoir de germination de la graine dont elle est issue.

A ce sujet, peut-on préconiser d'éliminer toutes les graines n'ayant pas germé la première année ? Si l'on s'en réfère au livre de Randolph (*Garden Irises,* 1959), la réponse est non ! Le manque de germination de certaines graines est dû au mauvais développement de leurs embryons ; ce problème peut alors être résolu par la culture embryonnaire. Ceci est intéressant car ces « mauvaises » graines sont issues le plus souvent de croisements périlleux, difficiles à réussir et qui constituent de nouvelles voies d'amélioration des Iris.

Parallèlement à la culture embryonnaire *in vitro*, se sont développées les techniques de multiplication *in vitro*. Sans rentrer dans les détails, deux méthodes existent :
– la multiplication végétative *in vitro* qui consiste à multiplier par x le rendement du bouturage naturel à l'aide d'hormones végétales de synthèse ;
– la culture de tissus qui consiste à prélever un minuscule fragment du végétal (étamines, tige...) pour développer un cal puis, à partir de ce cal, toujours à l'aide d'hormones, est induite la formation d'une plante entière (voir photos p. 185).

En France, pionnière de la culture *in vitro*, des résultats satisfaisants ont été obtenus, aux États-Unis aussi. A notre avis, l'intérêt de la multiplication *in vitro* est assez limité pour les Iris. En effet, une des qualités de l'Iris est sa prolificité naturelle ; or, les procédés de culture *in vitro* étant relativement onéreux, il y a forcément compétition entre la méthode naturelle et celle de laboratoire simplement pour un problème de prix de revient des plantes. De plus, à quoi servirait-il de sortir plusieurs centaines de milliers de rhizomes de telle nouvelle variété d'Iris si ceux-ci sont condamnés à rester dans les champs du producteur ?

Pour nous, le principal intérêt de la culture *in vitro* réside dans la possibilité de l'élimination des virus chez des cultivars atteints.

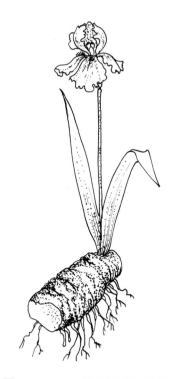

Toutes les parties de la plante peuvent être utilisées pour des essais de multiplication in vitro, mais les résultats diffèrent souvent suivant l'âge des tissus.

Les Iris barbus du troisième millénaire

LES FLEURS D'APRÈS-DEMAIN

Forme des fleurs

Le professeur G.I. Rodionenko, auteur de la classification des Iris, s'est aussi penché de près sur les potentialités décoratives d'une fleur et ses possibles évolutions. Un long et passionnant article à ce sujet figure dans le compte rendu du congrès international d'Iris d'Orléans (1978). Les quelques lignes qui suivent en sont inspirées. Nous assistons depuis quelques années à l'apparition d'Iris dont les barbes se sont hypertrophiées et transformées soit en « éperons » (Horns), soit en « cuillères » (Spoons). Ces Iris, baptisés « Space age », rencontrent un certain succès dû à leur grande originalité, mais de là à parler de beauté supérieure, il y a un pas que nous ne franchirons pas.

A part les barbes, il est probable que nous verrons des transformations des autres pièces florales, la recherche de ces formes nouvelles passant par l'observation et l'utilisation des espèces naturelles : imaginez un grand Iris barbu dont la forme de la fleur serait celle de l'*Iris paradoxa* (illustré p. 64) (le nom de cette espèce provient d'ailleurs de sa forme « paradoxale »).

Il faut aussi savoir que la prédiction de nouvelles formes de fleurs est subordonnée à des lois dont celle de « corrélation des caractères » : la diminution de taille ou de nombre d'un organe floral est toujours conjuguée à l'augmentation d'un autre élément de cette fleur. Il a été ainsi observé dans le genre Iris que la réduction de taille des pétales est liée à l'augmentation de celles des sépales et aussi des styles qui deviennent pétaloïdes (cas fréquent chez les Iris Ensata).

On peut donc dès aujourd'hui imaginer de nouveaux modèles de fleurs d'Iris : des Iris « Spiders » (à divisions très longues et très fines comme cela existe chez les hémérocalles), des Iris aux divisions bordées de cils, des grands Iris aux fleurs aplaties comme celles des Ensata, etc.

Coloris et motifs

Si des couleurs comme le violet, le jaune ou le blanc ont pratiquement atteint leur intensité maximale, l'orange, le rose, le bleu et bien sûr le rouge et le noir demandent à être plus vifs, plus purs.

A propos du rouge, la difficulté de son obtention provient de la quasi-absence chez les Iris barbus d'un pigment responsable du rouge, la pélargonidine. Ce pigment ne pourrait apparaître que par deux mutations successives : mutation de la delphidine (responsable de la couleur bleu-violet) en cyanidine, puis mutation de la cyanidine en pélargonidine (Werckmeister 1969). D'après Werckmeister, les mutations sont extrêmement rares et il est illusoire d'espérer de tels changements de la structure moléculaire. Malgré tout, la biosynthèse des anthocyanidines de l'Iris étant très mal connue, la possibilité qu'une simple mutation suffise à obtenir le rouge n'est pas exclue. Alors, rêvons un peu !

Au niveau des Iris bicolores, de nombreuses possibilités existent encore : la création d'*amoena* noir, d'Iris à sépales blancs et pétales colorés (inverses d'*amoena*) n'en sont qu'aux balbutiements. Pour les Plicata, il en est de même et nous sommes encore loin de l'obtention d'un plicata à fond blanc bordé du même noir que BLACK

SEMIS CAYEUX 86167 A

SEMIS CAYEUX 91127 A

OUT ou HELLO DARKNESS (photo p. 93). Enfin, si l'on considère comme un remarquable changement l'apport de barbes presque rouge sur des Iris bleus, nous n'avons toujours pas de bons jaunes à barbe bleue, ni de noirs à barbe rouge, ni d'orange à barbe bleue, etc. A titre d'exemple, vous pouvez vous reporter aux pages 185 et 187 illustrées par quatre de nos variétés futures.

CARACTÈRES DE LA VÉGÉTATION

Le développement des manipulations génétiques, lié à la connaissance de l'ADN, devrait permettre dans un avenir peu lointain le transfert de gènes de résistance aux maladies à certaines plantes dont peut-être les Iris. La suppression de l'hétérosporiose et de la pourriture douce du rhizome (due à une bactérie) seraient, en effet, un progrès considérable !

L'obtention de feuillages zébrés de bleu, de pourpre, de gris ou de différents verts a aussi quelques adeptes. Quant au développement d'un pouvoir remontant adapté à tous les climats et tout à fait fiable, tout le monde y songe.

Conclusion - Ces quelques exemples sur les perspectives futures ne doivent pas, à notre avis, nous faire oublier que l'originalité ne doit pas être le souci premier de l'hybrideur, l'esthétique primant. En effet, le pouvoir de séduction de l'Iris provient plus de l'impression de beauté qui se dégage de la fleur que de combinaisons inédites objets de modes passagères. A ce sujet, en 1992, 1994 et 1995, la médaille de Dykes a été décernée à des grands Iris de coloris tout à fait classique (violet, blanc-bleuté et bleu) mais parfaits « de la tête aux pieds ».

Organisation du monde des Iris

ENREGISTREMENT DES VARIÉTÉS

« A tout seigneur, tout honneur ! » Du fait de leur rang en matière d'obtention d'Iris, ce sont les Américains qui enregistrent chaque année les variétés des obtenteurs du monde entier. Tous les dix ans, l'AIS édite une brochure conséquente contenant facilement 5 000 variétés, chaque variété ayant ses caractères parfaitement détaillés.

Depuis très peu de temps, l'enregistrement ne se fait plus en France, directement de l'obtenteur aux instances américaines, mais par l'intermédiaire de la Société Française des Iris et Bulbeuses à qui l'on adresse un formulaire. Un caractère à renseigner est celui du parfum, variable suivant les variétés (aussi suivant le nez de l'obtenteur) et qui semble être de plus en plus apprécié des amateurs d'Iris. Souhaitons que cette manière de procéder crée un regain d'intérêt pour l'hybridation des Iris dans notre beau pays.

SEMIS CAYEUX 91112 B

SEMIS CAYEUX 89212 B

LES CONCOURS D'IRIS
ET LES SOCIÉTÉS D'AMATEURS D'IRIS

Sans eux, l'on ne pourrait apprécier la valeur d'une nouvelle variété, car rien ne vaut la notation par plusieurs jurys pour être certain des qualités de tel ou tel Iris. Le problème est que, jusqu'à maintenant, il n'y a pas d'uniformité, chaque pays organisant ses propres concours et décernant ses propres médailles.

W.R. Dykes, qui fut une sommité dans le monde des Iris, a donné son nom à la plus prestigieuse des récompenses que puisse obtenir un grand Iris barbu, mais cette fameuse médaille de Dykes est décernée aux États-Unis pour les variétés américaines, en Angleterre pour les britanniques et en Australie pour les australiennes ; elle le fut en France à une certaine époque. Quelques concours actuels décernent malgré tout des prix à des variétés venant de différents pays ; c'est le cas du concours international d'Iris de Florence, des conventions annuelles de la Société Américaine des Iris, du concours d'Iris d'Orléans et de certains concours organisés par la Société Anglaise des Iris.

Les choses sont peut-être en train d'évoluer grâce à Sergei Loktev, président de la jeune Société Russe des Iris qui a, en 1995, fait parvenir ses idées à Dave Niswonger (vice-président de l'AIS) pour que s'organise une société mondiale des Iris. Un questionnaire a donc été adressé à tous les intéressés, sur tous les continents, pour définir les modalités de création d'un tel organisme.

Le professeur Sergio Orsi a, lui, annoncé ou proposé en 1994 la création d'une société européenne, ce qui nous semblerait plus d'actualité et plus réalisable.

Pour terminer, si la lecture de cet ouvrage a provoqué chez vous un regain d'intérêt pour les Iris, sachez que la SFIB (Société Française des Iris et Bulbeuses) sera heureuse de vous compter parmi ses membres (siège social : 19, rue du Docteur-Kutzenne – 78350 Jouy-en-Josas) et qu'ainsi, vous aiderez à faire encore mieux connaître les Iris.

Index des espèces

– G = Genre Gynandriris – I = Genre Iris – Ir = Genre Iridodictyum – J = Genre Juno scorpiris – X = Genre Xiphium.

I. acutiloba, 63
I. adaesanensis, 52
I. afghanica, 62
J. alata, 69
I. albertii, 60, 61
I. albicans, 60, 61, 62
I. alexeenkoi, 59
I. antilibanotica, 63
I. aphylla, 60, 61, 92
I. arenaria, 65, 72
I. artica, 53
I. atrofusa, 63
I. atropurpurea, 63
I. attica, 59, 60
J. aucheri, 67
I. auranitica, 63
I. aurea, 27, 32
I. babadagica, 60
Ir. bakerianum, 66
I. balkana, 59
I. barnumae, 63
I. belouinii, 60
I. biflora, 125
I. bismarckiana, 63
I. bloudowii, 65
X. boissieri, 65
I. bolietii, 60
I. bosniaca, 59
I. bostrensis, 63
I. bracteata, 52
I. brandzae, 56, 57
I. brevicaulis, 39, 53, 163
J. bucharica, 68, 69
I. bulleyana, 39, 50
I. camillae, 63
I. carthalinae, 56, 161
J. caucasica, 68
I. cedrettii, 63
I. cenglialtii, 60
I. chamaeiris, 59, 72, 75, 125
I. chrysographes, 39, 50
I. chrysophylla, 52
I. clarkei, 39, 50
I. colchica, 56
I. collettii, 57
I. confusa, 58
I. cretensis, 54
I. cristata, 59
I. croatica, 60
I. crocea, 27
J. cycloglossa, 68, 69
I. cypriana, 14, 60
I. damascena, 63
Ir. danfordiae, 66, 169
I. darwasica, 62

I. delawii, 39, 50
I. demavendica, 63
I. demetrii, 56, 161
I. dichotoma, 57
I. dolichosiphon, 63
I. douglasiana, 52
J. drepanophylla, 69
I. dykesii, 50
I. elizabethae, 63
I. ensata, 8, 51, 53, 157
I. falcifolia, 65
I. farreri, 56
I. fernaldii, 52
X. filifolium, 65, 166
I. flavescens, 60
I. flavissima, 65
I. florentina, 8, 60, 62
I. fœtidissima, 25, 32, 47, 57
I. foliosa, 39, 53
I. formosana, 58
I. forrestii, 39, 50
Ir. histrio, 66
Ir. histrioides, 66, 67, 169
I. hoogania, 62
I. hookeriana, 63
I. humilis, 65
I. hungaria, 13
Ir. hyrcanum, 66
I. iberica, 63, 64, 138
I. illyrica, 60
I. imbricata, 60
I. innominata, 52, 153
I. japonica, 8, 58
I. jordana, 63
I. juncea, 8
X. junceum, 65
I. juniona, 60
I. kaempferi, 51, 153
I. kamaonensis, 63
I. karategina, 62
I. kashmiriana, 60
I. kasruwana, 63
I. kerneriana, 56
I. kirkwoodii, 63
I. klattii, 56
I. kochii, 60
Ir. kolpakowskianum, 67
I. korolkowii, 62
I. koreana, 52
I. kuschkensis, 62
I. lactea, 54
I. lacustris, 59
I. laevigata, 26, 37, 43, 51, 157
X. latifolium, 32, 66, 166
I. lazica, 54

I. lepita, 60
I. leptophylla, 63
I. lineata, 62
I. longiscapa, 65
I. lortetii, 63
I. ludwigii, 56
I. lupina, 63
I. lutescens, 59, 60, 72
I. maackii, 51
I. macrantha, 60
I. macrosiphon, 52
J. magnifica, 68, 69
I. mandschurica, 65
I. mariae, 63, 64
I. meda, 63
I. mellita, 72
I. mesopotamia, 60
I. milesii, 58
I. minutoaurea, 52
I. missouriensis, 53
I. monnieri, 27, 32, 56, 160
G. monophylla, 67
I. munzii, 52
I. nelsonii, 53, 163, 164
I. nepalensis, 43, 57
I. nigricans, 63
I. notha, 56
I. ochroleuca, 27, 32, 56, 160
I. olbiensis, 72
I. orientalis, 27, 56, 160
I. pallida, 13, 59, 60, 61, 62, 94, 118, 138
Ir. pamphylicum, 66, 67
I. paradoxa, 63, 64, 138, 184
I. perrieri, 60
J. persica, 68
I. petrana, 63
I. phragmitectorum, 50
J. planifolia, 69
I. plicata, 12, 118
I. polakii, 63
I. pontica, 56
I. potaninii, 65
I. pseudacorus, 6, 8, 10, 51, 52
I. pseudopumila, 59, 60
I. pumila, 10, 56, 59, 60, 72, 74, 75
I. purdyi, 52
I. reginae, 60
I. reichenbachii, 59, 60, 72, 106, 107
Ir. reticulatum, 66, 67, 169
J. rosenbachiana, 69
J. rossii, 52
I. rudskyi, 60
I. ruthenica, 54

I. samariae, 63
I. sambucina, 13, 60, 118
I. sanguinea, 50, 53
I. sari, 63
I. scariosa, 59
I. schachtii, 60
I. schelkownikowii, 63
I. X. serotinum, 65, 66, 166
I. setosa, 39, 53
I. sibirica, 8, 50, 53
I. sichuanensis, 63
I. sikkimensis, 63
I. sintenisii, 56, 57
I. G. sisyrinchium, 67
I. sogdiana, 56
I. speculatrix, 52
I. sprengeri, 63
I. spuria, 56, 160
I. squalens, 13, 60
I. staintonii, 57
I. stolonifera, 62
I. suaveolens, 59, 60
I. subbiflora, 60
I. susiana, 63, 64, 140
I. sweertii, 60
I. taochia, 60
I. taurica, 59
I. tectorum, 8, 58, 59
I. tenax, 52, 53
I. tenuis, 59
I. tigridia, 63
I. timofejwii, 59
X. tingitanum, 65, 66, 166
I. tridentata, 53
I. trojana, 14, 60
I. typholia, 50
I. unguicularis, 32, 43, 54
I. uniflora, 54
I. urumovii, 56, 57
I. varbossiana, 60
I. variegata, 13, 60, 61, 119, 125, 138
Ir. vartanii, 66, 67
I. verna, 54
I. versicolor, 26, 37, 51, 52
I. violacea, 125
I. virginica, 26, 37, 51, 52, 166
X. vulgare, 66, 166
J. warleyensis, 69
I. wattii, 58
J. willmottiana, 68, 69
I. wilsonii, 39, 50
Ir. winkleri, 67
Ir. winogradowii, 66, 67
I. xanthospuria, 56
I. yebrudii, 63

Index des variétés

ABLAZE, 74
ACADIAN MISS, 165
ACCENT, 116
ACROPOLE, 118
ADOBE ROSE, 117
ADVENTURESS, 113
AFTERNOON DELIGHT, 113
ALBA, 54
ALCAZAR, 96
ALICE HARDING, 100
ALINDA, 72
ALIZES, 16, 110
AMBASSADEUR, 14
AMBER TAMBOUR, 101
ANDALOU, 117
ANGELS WINGS, 168
ANSWERED PRAYERS, 125
APRICOT BLAZE, 121
APRICOT DROPS, 86
APHRODISIAC, 102
ARCTIC FANCY, 81, 83
ASK ALMA, 82
AVALON SUNSET, 103
AZTEC COOPER, 97
AZTEC SUN, 101
AZUREA (pumila), 71

BABY SISTER, 152
BALLERINA, 121
BALLERINE, 14
BAL MASQUE, 108
BARIA, 76
BATIK, 84, 85
BEACH GIRL 17, 105
BED TIME STORY, 82
BEE WINGS, 74
BEL AZUR, 81
BERLIN VERSILAEV, 26
BEST BET, 126
BETSEY BOO, 83
BETTY COOPER, 162
BETWEEN THE LINES, 158
BEVERLY SILLS, 37, 85, 95,
BIG DIPPER, 100
BLACK OUT, 92, 184
BLUE ACRES, 160
BLUE CHAMPION, 168
BLUE GIANT, 168
BLUE LASSIE, 162
BLUE POMPON, 156
BLUE SHIMMER, 119
BLUE ZEPHYR, 160
BODACIOUS, 120
BOHEMIAN, 99
BOLD GOLD, 100
BONNIE BABE, 74
BOO, 76
BRIGHT SPRING, 74
BRIGHT VISION, 76
BRISTOL GEM, 90
BROADWAY, 81, 122
BROADWAY BABY, 83
BROWNIE BOY, 74
BROWN LASSO, 85
BRUNO, 97, 100
BRYCE LEIGH, 165
BURNING BRIGHT, 125
BUTTER COOKIE, 82
BUTTER & SUGAR, 147

CAID, 103
CALIFORNIA STYLE, 82
CALIPH, 99
CAMBRIDGE, 148
CANTAB, 169
CAMEO WINE, 105

CAPITOLA, 140
CAPRICE, 105
CARDINAL 96
CARPATHIA, 72
CARRIAGE TRADE, 87
CARVED CAMEO, 94
CASCADE CREST, 156
CASCADE SPLENDOR, 100
CHAMPAGNE ELEGANCE, 126
CHAMPAGNE SNOW, 105
CHARTREUSE BOUNTY, 147
CHASSEUR, 100
CHERRY LYN, 148
CHERRY SPOT, 74
CHRISTMAS TIME, 89, 100
CINNABAR RED, 162
CLAIRETTE, 169
CLARA GOULA, 164
CLARA VIEBIG, 140
CLASSIC LOOK, 120
CLASSMATE, 125
CODICIL, 90
COLETTE THURILLET, 113, 117
COMING UP ROSES, 95
COMTESSE DE PARIS, 154
CONDOTTIERE 16, 108, 110
COPPER CLASSICS, 98
CORAL SUNSET, 95
CORONATION ANTHEM, 148
COUP DE GRACE, 165
COUPE DE VILLE, 165
COURT MAGICIAN, 78
COVENT GARDEN, 168
CREME GLACEE, 105, 106
CRIMSON KING, 125
CUTIE, 82

DALE DENNIS, 78, 81
DALMATICA (I. pallida var.), 62
DANCE BALLERINA DANCE, 148
DANSE DU FEU, 16
DAREDEVIL, 120, 122
DASH AWAY, 78
DEBBY RAIRDON, 100
DEFIANCE, 96
DELFT TOUCH, 102
DELPHI, 108
DELTAPLANE, 110
DEMON, 78
DENTELLE ROSE, 16
DEPUTE NOMBLOT 16, 100
DISCO JEWEL, 86
DISTANT ROADS, 122
DITTO, 74
DOMINATOR, 168
DOMINION, 96
DOTTED LINE, 152, 153
DREAMING SPIRE, 32
DUSKY CHALLENGER, 90
DUTCH CHOCOLATE, 97

EARL OF ESSEX, 125
EASTERTIME, 100
ECLADOR 16, 100
ECSTATIC ECHO, 111
EDITH WOOLFORD 17, 111, 112
EDWARD, 169
EGO, 32
ELEANOR HILL, 162
ELEANOR'S PRIDE, 89
ELMOHR, 140
EMIGRE, 165
EMMA COOK, 107, 108
ENBEE DEEAYCH, 153
ENCHANTING MELODY, 156
ENCRE BLEUE, 81

ENGLISH CHARM, 105, 127
ENSATA ROSE QUEEN, 38
ENSORCELEUR, 118
ESTHER THE QUEEN, 141
EVENING DRESS, 162
EVER AFTER, 96
EVERYTHING PLUS, 17
EVOLUTION, 100
EYE MAGIC, 83

FAIRY FLAX, 76
FAIT ACCOMPLI, 165
FAKIR, 118
FALBALA, 16
FALL FIESTA, 106
FANCY BRASS, 99
FANCY TALES, 113
FANTASIO, 100
FAR WEST, 97
FESTIVE SKIRT, 105
FEU DU CIEL, 103
FIESTA TIME, 117
FIRE ONE, 78
FLEETA, 94
FLIGHT OF BUTTERFLIES, 152
FLIGHT OF FANTASY, 165
FLIGHTS OF FANCY, 123
FLORENTINE, 15, 118
FONDATION VAN GOGH, 106
FORT APACHE, 96
FOURFOLD WHITE, 144
FRISON ROCHE, 88

GALLANT MOMENT, 96, 118
GEORGE, 169
GERALD DERBY, 26, 37
GIBSON GIRL, 125
GLAZED ORANGE, 102
GLISTENING ICICLE, 108
GODDESS, 125
GOLDEN EMPEROR, 168
GOLDEN HIND, 100
GOLDEN TREASURE, 100
GOLDEN WAVES, 153
GOLD IMPERIAL, 100
GOLD TRIMMINGS, 100
GOODBYE HEART, 95, 111
GORDON, 169
G.P. BACKER, 100
GRACCHUS, 14, 125
GRACE MOHR, 140
GRAND CHEF, 105
GRAPHIC ARTS, 120
GREEN SPOT, 76, 78
GYOKUTO, 154
GYPSY CARAVAN, 117
GYPSY DREAM, 106

HAPPY BIRTHDAY, 94, 121
HARMONIE, 103
HARMONY, 169
HARPSWELL HALLELUJAH, 147
HARPSWELL HAZE, 148
HARVEST KING, 99
HEART'S CONTENT, 74
HELLCAT, 81, 82
HELLO DARKNESS, 92, 186
HOCUS POCUS, 81
HOLDEN CLOUGH, 36, 37
HONEY CHIFFON, 97
HONEY GLAZED, 83
HONKY TONK BLUES, 17, 90
HORIZON BLEU, 89
HORTENSE, 113
HUBBARD, 26

ICEBERG, 100
IDA, 169
IMMACULATE WHITE, 156
IMMORTALITY, 125, 126
IMPRESSIONIST, 111
INDISCREET, 122
IN TOWN, 111
ISABELLE, 147
ISLAND HOLIDAY, 119

JAMAICAN VELVET, 147
JAPANESE PIMWHEEL, 156
JAZZED UP, 106
JAZZ FESTIVAL, 113
JEAN CAYEUX, 16, 97
JEAN SIRET, 72, 125
JENNIE GRACE, 78
JEWELED CROWN, 147
JITTERBURG, 122
JOYFUL, 78

KATHERINE HODGKIN, 169
KHYBER PASS, 141
KILT TILT, 119
KING OF THE BLUES, 32
KING'S COURT, 156
KOORAWATHA, 165

LA CANDEUR, 154
LADY FRIEND, 96
LADY MOHR, 140
LADY VANESSA, 145
LA NUIT, 32
LAVENDER BOUNTY, 148
LEARN, 78
LEMON QUEEN, 168
LEMON WHIP, 83
LICORICE FANTASY, 120
LIGHT CAVALRY, 82
LOLLILOP, 78
LOUIS D'OR, 101
LOUVOIS, 15, 97
LOVE CHANT, 105
LOYALIST, 90
LUGANO, 15, 125
LUSITANICA (X. vulgare var.),
166

MADAME F. DEBAT, 87
MAGAHREE, 105
MAGNIFICA, 14
MAJOR (I. histroides var.), 169
MAKING EYES, 78
MA MIE, 15, 118
MANDARIN, 103
MARBRE BLEU, 108
MARGOT HOLMES, 152
MARHIGO STRAIN, 154
MARITIMA GEM, 162
MAROCAIN, 72
MARQUITA, 103
MARTHA MIA, 141
MARY BARNARD, 54
MARY RANDALL, 94
MARY'S CHARLIE, 165
MAY DELIGHT, 100
MAY HALL, 94
MEGABUCKS, 113
MEMPHIS BLUES, 90
MICHAEL, 169
MIND READER, 123
MINT FRESH, 158
MISS ELLIS, 54
MLLE SCHWARTZ, 14
MME CHEREAU, 118

MME CLAUDE MONET, 14
MME LOUIS AUREAU, 16, 118,
119, 125
MME MAURICE LASSAILLY 16,
103
MME THIBAUT, 118
MODERN CLASSICS, 120
MOHR PRETENDER, 141
MOHRSON, 140
MONSPUR, 160
MOOCHA, 78
MONT BLANC, 32
MONTEAGLE, 160
MOROCCO, 120
MRS HORACE DARWIN, 14
MOTHER EARTH, 127
MULLED WINE, 96
MYSTIFIER, 162
MYSTIQUE, 81

NATASCHA, 169
NATIVE DANCER, 94
NAVAJO JEWEL, 89
NEGUS, 72
NEIGE DE MAI, 106
NENE, 103
NEOPHYTE, 161
NEUTRON DANCE, 17, 104, 105

OF COURSE, 82
OKTOBERFEST, 103
OLA KALA, 100
OLYMPIAD, 90
OMAR'S CUP, 147
ONE DESIRE, 94
OPEN SKY, 81
ORANGE HARVEST, 127
ORANGE PARADE, 105
OREGON SKIES, 89
ORIENTAL BABY, 82
ORMOHR, 140
ORVILLE FAY, 144
OTHER WORLD, 26, 32
OVATION, 94

PACIFIC PANORAMA, 89
Pallida variegata argenteis, 26
Pallida variegata aureis, 26
PALOMINO, 121
PANSY TOP, 81
PAPILLON D'AUTOMNE, 125
PARISIANA, 140
PARISIEN, 110
PARTY LINE, 158
PAULINE, 168
PEACEFUL WATERS, 89
PEACH SPOT, 105
PEACH SUNDAE, 106
PECHE MELBA, 105, 106
PEKING SUMMER, 118
PERCHERON, 147
PERDITA, 100
PERFECT INTERLUDE, 104
PERLE ROSE, 87
PETITE BALLET, 85
PHARAON DAUGHTER, 82
PHRYNE, 97
PINK BUBBLES, 85
PINK CAMEO, 94
PINK CONFETTI, 120
PINK FROTH, 121, 122
PINK HAZE, 148
PINK SWAN, 95
PINK TAFFETA, 94
PINNACLE, 104, 105
PIROSKA, 102

PLEDGE ALLEGIANCE, 90, 108
PLUIE D'OR, 16, 100
POPULAR DEMAND, 156
PORTRAIT OF LARRIE, 87
PORT WINE, 119
POST SCRIPT., 105
PREMIER BAL, 16
PRESENCE, 95
PRETTY PLEASE, 94
PRINCE ALBERT, 32
PRINCESSE WOLKONSKY, 16
PRODIGY, 74
PROFESSOR NEIL, 165
PROGENITOR, 106, 107, 122
PROSPER LAUGIER, 103
PROTEGE, 161
PROUD TRADITION, 111
PROVENCAL, 120
PSEUD. ALBA, 34
PSEUD. BASTARDI, 34
PSEUD. DONAU, 36, 157
PSEUD. FLORE PLENO, 34
PSEUD. GOLDEN QUEEN, 34
PSEUD. ROY DAVIDSON, 26, 36, 37
PSEUD. VARIEGATA, 34
PURPLE PARASOL, 156
PUSSY TOES, 74

QUEEN CATERINA, 17
QUEEN IN CALICO, 120, 121

RABBIT'S FOOT, 78
RADIANT APOGEE, 119

RAIN DANCE, 78
RAPPORT, 165
RARE EDITION, 83
RASPBERRY BLUSH, 82
RASPBERRY RIMMED, 154
REAL COQUETTE, 78
REBECCA PERRET, 108
RED ZINGER, 82
REGENCY BELLE, 147
REINE DES BELGES, 118
REMINISCENCE, 86
RENNANT, 72
REPARTEE, 111
REVERIE, 17
RIO DE ORO, 120
RISING MOON, 100
RITZ, 76
ROARING JELLY, 147
ROCKET FLAME, 83
ROCOCO, 81, 119, 121
ROGER RENARD, 102
ROSARITA, 122
ROSE, 95
ROUGETTE, 158
ROYAL CARTWHEEL, 34
RUFFLED BALLET, 107
RUFFLED SURPRISE, 113
RUFFLED VELVET, 144
RUSTIC CEDAR, 99

SAHARA, 100
SAN FRANCISCO, 118, 125
SAPPHIRE GEM, 78
SAPPHIRE HILLS, 88, 89

SATCHMO, 165
SCHERZO, 156
SEDUCTION, 118
SHAMPOO, 82
SHEIK, 141
SHEKINAH, 17, 100
SHINING WATERS, 106
SHOWBIZZ, 118
SHOWDOWN, 144
SIBIRICA NANA ALBA, 152
SIERRA GRANDE, 108, 110
SILVER ROSE, 147
SIXTINE C., 123
SKATING PARTY, 87, 88
SKYBLAZE, 90
SKYFIRE, 103
SKY PATCH, 72
SMOOTH TALK, 102
SNOWBROOK, 122
SNOW FLURRY, 87, 94, 164, 181
SNOW PEACH, 106
SNOW PRINCE, 152
SOCRATES, 72
SOUVENIR DE MME GAUDICHAU, 14
SOUVENIR DU LT DE CHAVAGNAC, 72, 125
SPANISH GIFT, 102
SPARKLING ROSE, 148
SPIRIT WORLD, 123
SPUN GOLD, 100
STARLETTE ROSE, 95
STEFFIE, 86
STEPPING OUT, 119

STITCH IN TIME, 120
STOP THE MUSIC, 120
STUDY IN BLACK, 92
SULIMA, 72
SULTANE, 103
SULTAN'S PALACE, 96
SULTAN'S RUBY, 147
SUNNY DAWN, 82
SUPERSIMON, 103
SUPREME SULTAN, 118
SWEETER THAN WINE, 107
SWIRLING SEAS, 81
SYNCOPATION, 118

TABRIZ, 141
TAHITI SUNRISE, 108
TAPISSERIE, 123
TENDER YEARS, 83
THEATRE, 122
THREE CHERRIES, 74
TIFFANY, 125
TIGER BROTHER, 37
TOBACCO ROAD, 97
TOP GUN, 111
TOURBILLON, 111
TRACY TYRENE, 118
TRAIL WEST, 99
TROSUPERBA, 96
TUMULTUEUX, 112
TUT'S GOLD, 101

VAGA COMPACTA, 62
VANITY, 93, 122
VANITY FAIR, 94

VELVET FLAME, 118
VERSICOLOR, 37
VERS. KERMISINA, 37, 158
VERS. LAVENDER, 37, 158
VERS. ROSEA, 37, 158
VERT GALANT, 100
VICTOIRE, 103
VIOLET BEAUTY, 169
VIOLET FLARE, 32
VIOLET GEM, 72
VITAFIRE, 96
VIVE LA FRANCE, 108
VIRGINICA SHREVEI, 37

WABASH, 103, 104
WADI ZEM ZEM, 161
WAR SAILS, 96
WHITE GEM, 78
WHITE HERON, 161
WHITE SWIRL, 26, 144
WHITE TAFFETA, 100
WHITE VAN VLIET, 168
WHOLE CLOTH, 107, 108, 122
WILD APACHE, 119
WILLIAM MOHR, 140
WINE MASTERS, 96
WINTER OLYMPICS, 87
WINTER'S TREASURE, 54
WORLD CLASS, 107
W.R. DYKES, 100

ZANY, 120
ZWANENBURG BEAUTY, 62
ZOUAVE, 14

Bibliographie

Les Iris cultivés & supplément 1923-1929 (Société nationale d'Horticulture de France / Commission des Iris).
Garden Irises (Edited by L.F. Randolph / The American Iris Society, St-Louis, Missouri, 1959).
Iris (Fritz Köhlein / Eugen Ulmer 1981).
The World of Irises (Edited by Bee Warburton, Assistant Editor Melba Hamblen, the American Iris Society Wichita, Kansas, 1978).
Siberian Irises (Dr Currier McEwen, Edited by W. George Waters, 1980).
Iris of China (James W. Waddick and Zhao Yu-tang, 1992, Timber press).

The Japanese Iris (Dr Currier McEwen, 1990, The society for Japanese Iris).
Rapport du Congrès international d'Iris d'Orléans (SFIB, 1978).
Les Jardins de Plantes vivaces (E. Laumonnier-Férard, Librairie agricole de la Maison Rustique).
Le Jardin d'Iris (Alain Richert, édité par Dargaud).
Bulletin de l'American Iris Society 75th Anniversary (May 1995).
Growing Irises (Cassidy & Linnegar, 1982).
The Genus Iris (William Rickatson Dykes, Dover Edition 1974).
Les Plantes vivaces & leurs milieux (Hansen & Stahl / Ulmer 1992).
Ennemis des plantes horticoles & moyens de les combattre (Dr H. Scheerlinck, 1949, Ed. Erasme S.A., Bruxelles).

Crédits photographiques

T. Aitken : 86 - 144 - 152 - 165.
M. Bourdillon : 88 - 107 - 126 - 127 - 144 - 145 - 148.
R.C. Brown : 22.
J. et R. Cayeux : couv. - 13 - 16 - 17 - 18 - 19 - 20 - 21 - 23 - 24 - 25 - 27 - 28 - 29 - 30 - 31 - 32 - 33 - 35 - 36 - 37 - 38 - 40 - 41 - 43 - 50 - 51 - 52 - 53 - 56 - 57 - 58 - 62 - 64 - 65 - 66 - 68 - 74 - 75 - 76 - 77 - 78 - 79 - 80 - 81 - 82 - 83 - 84 - 86 - 87 - 88 - 89 - 90 - 91 - 92 - 93 - 94 - 95 - 96 - 97 - 99 - 100 - 101 - 102 - 104 - 105 - 106 - 107 - 108 - 109 - 110 - 111 - 112 - 113 - 114 - 116 - 117 - 118 - 119 - 120 - 121 - 122 - 123 - 125 - 126 - 127 - 130 - 131 - 137 - 139 - 146 - 147 - 148 - 149 - 150 - 151 - 152 - 153 - 154 - 156 - 157 - 158 - 159 - 160 - 161 - 172 - 173 - 175 - 177 - 178 - 179 - 180 - 182 - 185 - 187.
R.C. Ernst : 101.
S. Frédéric : 10.
K. Keppel : 124.
Mauryflor : 38 - 43 - 51 - 57 - 66 - 151 - 169.
J. Peyrard : 53 - 60 - 64 - 68.
D. Schreiner : 85 - 98 -102 - 106 - 122 - 127 - 138 - 140 - 141 - 162.
SFIB (Drs Boussard et Tronel) : 50 - 51 - 52 - 54 - 58 - 59 - 61 - 62 - 63 - 64 - 68 - 69 - 103.

Table des matières

Préface 5

L'HOMME ET L'IRIS 6
Iris et histoire, 6 – Quelques usages de l'Iris, 8 – Place dans l'art, 10 – Le développement de l'Iris des jardins, 11

PRÉSENCE DES IRIS AU JARDIN 18
Bordures et îlots uniquement composés d'Iris, 19 – Les bons voisins des Iris, 25 – Les Iris pour le jardin sauvage, 31 – Le jardin aquatique et les lieux humides, 34

LA GRANDE DIVERSITÉ DES IRIS 42
Nature de la plante, 42 – Classification, 47

LES IRIS BARBUS DE NOS JARDINS 70
Les Pogoniris ou vrais barbus, 70 – Les Arils et Arilbreds, 138

D'AUTRES IRIS POUR NOS JARDINS 142
Les Iris de Sibérie, 142 – Les Iris du Japon, 153 – Les Iris « d'eau », 158 – Les Spuria, 160 – Les Iris de Louisiane, 163 – Les Iris bulbeux, 166

LA CRÉATION DE NOUVELLES VARIÉTÉS DE POGONIRIS 170
Pourquoi hybrider ? 170 – Comment hybrider ? 171 – Les Iris barbus du troisième millénaire, 184 – Organisation du monde des Iris, 186

Index des espèces 189
Index des variétés 190
Bibliographie 191

Achevé d'imprimer en mars 1996
sur les presses de Maury Eurolivres SA
45300 Manchecourt (France)
N° d'imprimeur K95/51301L
Dépôt légal 1er trimestre 1996